westermann

Autorinnen: Martina Kober, Elke Lange-Scholz, Tanja Roden

Herausgeberin: Martina Kober

Rechtsanwalts- und Notarfachangestellte

2. Ausbildungsjahr, fall- und praxisorientiert

Arbeitsheft

2. Auflage

Bestellnummer 50836

Die in diesem Produkt gemachten Angaben zu Unternehmen (Namen, Internet- und E-Mail-Adressen, Handelsregistereintragungen, Bankverbindungen, Steuer-, Telefon- und Faxnummern und alle weiteren Angaben) sind i. d. R. fiktiv, d. h., sie stehen in keinem Zusammenhang mit einem real existierenden Unternehmen in der dargestellten oder einer ähnlichen Form. Dies gilt auch für alle Kunden, Lieferanten und sonstigen Geschäftspartner der Unternehmen wie z. B. Kreditinstitute, Versicherungsunternehmen und andere Dienstleistungsunternehmen. Ausschließlich zum Zwecke der Authentizität werden die Namen real existierender Unternehmen und z. B. im Fall von Kreditinstituten auch deren IBANs und BICs verwendet.

Druck und Bindung: Westermann Druck GmbH, Braunschweig

ISBN 978-3-427-**50836**-6

Inhaltsverzeichnis

LERNFELD 5

Aufgaben im Personalbereich wahrnehmen

LERNFELD 6

Geschäftsprozesse erfassen, kontrollieren und bewerten

LERNFELD 7

Wirtschaftliche Einflüsse auf betriebliche Entscheidungen beurteilen

LERNFELD 8

Sachenrechtliche Regelungen bei der Auftragsbearbeitung anwenden

LERNFELD 9 (REFA)

Aufgaben im gerichtlichen Mahnwesen selbstständig bearbeiten

LERNFELD 9 (RENO)

Dienstordnungs- und beurkundungsrechtliche Vorschriften anwenden

LERNFELD 10

Das zivilrechtliche Mandat in erster Instanz

Vorwort

Liebe Auszubildenden,
liebe Leserinnen und Leser,

das vorliegende **Arbeitsheft** ist als Übungsbuch für das 2. Ausbildungsjahr der Ausbildungsberufe zum Rechtsanwaltsfachangestellten, Notarfachangestellten, Rechtsanwalts- und Notarfachangestellten sowie Patentanwaltsfachangestellten gedacht. Es ergänzt das Lehrbuch.

Die Sachverhalte der handlungsorientierten Lernsituationen sind der täglichen Kanzleiarbeit entnommen. So wird realitätsnah das Gelernte vertieft.

Die handlungsorientierten Lernsituationen sind auf die Lernfelder des 2. Ausbildungsjahrs abgestimmt:

Lernfeld 5 (ReFa, ReNo): Aufgaben im Personalbereich wahrnehmen
Lernfeld 6 (ReFa, ReNo): Geschäftsprozesse erfassen, kontrollieren und bewerten
Lernfeld 7 (ReFa, ReNo): Wirtschaftliche Einflüsse auf betriebliche Entscheidungen beurteilen
Lernfeld 8 (ReFa, ReNo): Sachenrechtliche Regelungen bei der Auftragsbearbeitung anwenden
Lernfeld 9 (ReFa): Aufgaben im gerichtlichen Mahnwesen selbstständig bearbeiten
Lernfeld 9 (ReNo): Dienstordnungs- und beurkundungsrechtliche Vorschriften anwenden
Lernfeld 10 (ReFa): Das zivilrechtliche Mandat im erstinstanzlichen Verfahren bearbeiten
Lernfeld 10 (ReNo): Zivilrechtliche Zahlungsansprüche gerichtlich geltend machen

Wie bereits im Lehrbuch wurden die Lernfelder 10 der Rechtsanwaltsfachangestellten und der Rechtsanwalts- und Notarfachangestellten zu einem Abschnitt zusammengefasst, da diese starke inhaltliche Überschneidungen aufweisen.

Zur Wiederholung und Vertiefung der Lerninhalte dient auch der **Band Übungsfälle**, der beim Verlag käuflich erworben werden kann. Darin sind Übersichten und Aufgaben enthalten, die nicht nur zur Vorbereitung auf die Zwischen- und Abschlussprüfung dienen.

Die Autorinnen

Lernfeld 5

Aufgaben im Personalbereich wahrnehmen

1 Einführung Personalwesen und Arbeitsrecht

LERNSITUATION

Annika Sauer versucht, arbeitsrechtliche Regelungen zur kompletten Freistellung von Beschäftigten wegen der häuslichen Pflege naher Angehöriger zu finden. Sie fragt sich, wo so etwas geregelt sein könnte, und wendet sich damit an Marion Webermann.

Annika Sauer: „Ich habe im BGB gefunden, dass dort etwas zu Arbeitsverhältnissen geregelt ist, aber von der Pflege naher Angehöriger steht dort nichts. Gibt es vielleicht ein Arbeitsgesetzbuch, wo ich das nachschlagen kann?“

Marion Webermann: „Nein. Zu arbeitsrechtlichen Fragen gibt es ganz viele einzelne Gesetze. Recherchiere doch mal im Internet, welche arbeitsrechtlichen Regelungen es gibt. Du wirst dich wundern, was alles geregelt ist. Das, was du suchst, ist im Pflegezeitgesetz geregelt. Warum interessiert dich das denn?“

Annika Sauer: „Mein Onkel hatte einen Schlaganfall. Meine Tante will ihn daher ein halbes Jahr pflegen und deshalb zu Hause bleiben. Irgendwo hat sie mal gelesen, dass es für ein halbes Jahr ohne Verlust des Arbeitsplatzes möglich ist. Ich kann mir das aber nicht vorstellen, denn sie arbeitet in einem recht kleinen Betrieb mit 20 Angestellten.“

Marion Webermann: „Oh, das tut mir aber leid! Aber genau für solche Fälle gibt es das Pflegezeitgesetz.“

▶ Die Informationen zu dieser Lernsituation erhalten Sie aus Lernfeld 5, Kapitel 1 des Lehrbuchs.

ARBEITSAUFTRAG

1. Recherchieren Sie im Internet und nennen Sie zehn Gesetze mit arbeitsrechtlichen Regelungen.

____

____

____

____

____

____

____

____

ARBEITSAUFTRAG

2. Neben den arbeitsrechtlichen Gesetzen, gibt es noch arbeitsrechtliche Verordnungen. Recherchieren Sie erneut im Internet und nennen Sie drei arbeitsrechtliche Verordnungen.

____

____

____

____

ARBEITSAUFTRAG

3. Die meisten Schutzvorschriften, z. B. das Kündigungsschutzgesetz, gelten nur für Arbeitnehmer, also nicht für Selbstständige oder freie Mitarbeitende. Aber wann handelt es sich eigentlich um einen Arbeitnehmer? Die Rechtsprechung hat hier Merkmale entwickelt, die auf eine Arbeitnehmereigenschaft hindeuten. Vervollständigen Sie den Lückentext. Diese Wörter sind einzusetzen:

Auftraggeber – Auftraggebers (zweimal) – Betroffene (dreimal) – Weisungen

- *Weisungsabhängigkeit:* Der ______________ ist verpflichtet, allen ______________ des ______________ hinsichtlich Art, Dauer, Ort und Umfang der Tätigkeit Folge zu leisten.
- *Eingliederung in den Betrieb:* Der ______________ nutzt die Arbeitsräume oder Arbeitsmittel des ______________.
- *Schulden der gesamten Arbeitskraft:* Der ______________ hat nicht mehrere Kunden, sondern schuldet seine Arbeitskraft nur einem ______________ (Teilzeitarbeit und Nebenbeschäftigungen fallen nicht darunter).

ARBEITSAUFTRAG

4. Beim Arbeitsrecht wird zwischen dem Individualarbeitsrecht und dem Kollektivarbeitsrecht unterschieden. Vervollständigen Sie die Grafik.

Arbeitsrecht

____
gilt für jeden einzelnen Arbeitnehmer

Beispiele:
- ______________________ (BUrlG)
- Bundeselterngeld- und Elternzeitgesetz ______________
- Nachweisgesetz ______________
- ______________________ (KSchG)

____
gilt für Gruppen von Arbeitnehmern bzw. für das Verhältnis der Tarifparteien o. Ä.

Beispiele:
- Betriebsverfassungsgesetz ______________
- Mitarbeitervertretungsgesetz ______________
- ______________________ (TVG)
- ______________________ (MitbestG)

ARBEITSAUFTRAG

5. Kann Annika Sauers Tante den Onkel ein halbes Jahr pflegen, ohne dass sie ihren Job verliert?

ARBEITSAUFTRAG

6. Welches Ziel hat das Pflegezeitgesetz?

2 Individualarbeitsrecht

LERNSITUATION

Die Partnerschaft Dr. Neumann & Huber stellt mit Alina Jürgensen eine Studentin ein. Alina Jürgensen soll die Rechtsanwälte ab 01.05.2024 bei ihren Recherchetätigkeiten unterstützen. Der Vertrag über 20 Stunden in der Woche soll befristet bis zum Beginn ihres Referendariats abgeschlossen werden.

Für die Personalakte benötigt Annika Sauer noch einige Daten von Alina Jürgensen:

- *Adresse*
- *Geburtsdatum*
- *Krankenkasse und Versicherungsnummer*
- *Lohnsteuerklasse*
- *Steueridentifikationsnummer*
- *Bankverbindung*

Gegen Ende des Monats erstellt Annika Sauer die Entgeltbescheinigung für Alina Jürgensen. Auf Bitte der Büroleiterin Marion Webermann überprüft Annika Sauer bei dieser Gelegenheit gleich, ob die Entgeltbescheinigungen der Partnerschaft Dr. Neumann & Huber den derzeitigen Vorschriften entsprechen. Wie Annika Sauer feststellt, ist dies der Fall.

▶ Die Informationen zu dieser Lernsituation erhalten Sie aus Lernfeld 5, Kapitel 2 des Lehrbuchs.

ARBEITSAUFTRAG

1. Recherchieren Sie im Gesetz den Unterschied zwischen Befristungen von Arbeitsverhältnissen mit und ohne Sachgrund. Erstellen Sie eine stichpunktartige Sammlung.

ARBEITSAUFTRAG

2. Recherchieren Sie im Internet, welche Inhalte eine Entgeltbescheinigung aufweisen muss. Nennen Sie Stichpunkte.

____

____

____

____

____

____

____

____

____

____

____

____

ARBEITSAUFTRAG

3. Vervollständigen Sie die tabellarische Übersicht der vom Arbeitgeber abzuführenden monatlichen Beiträge und Umlagesätze. Informieren Sie sich im Internet.

______________________	18,6 % (zahlen Arbeitgeber und Arbeitnehmer je zur Hälfte)
______________________	14,6 % (zahlen Arbeitgeber und Arbeitnehmer je zur Hälfte) zzgl. __________, der je nach Krankenkasse unterschiedlich ausfällt, in der Regel 1,6 % beträgt (zahlen Arbeitgeber und Arbeitnehmer auch je zur Hälfte)
Gesetzliche Pflegeversicherung	_____ (zahlen Arbeitgeber und Arbeitnehmer je zur Hälfte; Ausnahme Sachsen!) zzgl. 0,6 % für Arbeitnehmer, die das 23. Lebensjahr vollendet haben und ________ sind; seit 01.07.2023 gelten für Eltern unterschiedliche Beitragssätze, je nachdem, wie viele Kinder sie haben: z. B. Mitglied mit 1 Kind 3,4 % (AN-Anteil 1,7 %), Mitglied mit 2 Kindern 3,15 % (AN-Anteil 1,45 %)
Gesetzliche __________________	2,6 % (zahlen Arbeitgeber und Arbeitnehmer __________)
Umlage 1 – Krankheit	variabel, richtet sich nach der Höhe der ________ der Krankenkasse im __________ (zahlt der Arbeitgeber allein)
Umlage 2 – ____________	0,63 % (zahlt der Arbeitgeber allein)
Insolvenzgeldumlage	_____ (zahlt der Arbeitgeber allein)

ARBEITSAUFTRAG

4. Neben den monatlichen Beiträgen und Umlagesätzen muss der Arbeitgeber auch Beiträge in die gesetzliche Unfallversicherung einzahlen. Erläutern Sie, wer im vorliegenden Fall Träger der gesetzlichen Unfallversicherung ist und wie sich der jährlich zu zahlende Beitrag errechnet.

3 Kollektivarbeitsrecht

LERNSITUATION

Nico Sauer, der Bruder von Annika Sauer, befindet sich gerade in der Ausbildung zum Elektroniker für Automatisierungstechnik in der Metallindustrie. In seinem Ausbildungsbetrieb sind insgesamt 39 Personen beschäftigt. Unter diesen 39 Beschäftigten befinden sich sieben Auszubildende.

Im Betrieb gibt es derzeit Unstimmigkeiten zwischen den Auszubildenden und deren Arbeitgeber hinsichtlich des Urlaubs, der den Auszubildenden zusteht. Als ihr Bruder ihr davon berichtet, meint Annika Sauer, dass er zur Lösung des arbeitsrechtlichen Problems mal in die Kanzlei kommen könne. Da erklärt ihr Nico Sauer, dass er schließlich bei einer Gewerkschaft sei und er daher das Angebot, sich in der Kanzlei Dr. Neumann & Huber beraten zu lassen, nicht annehmen werde.

Nico Sauer erzählt Annika Sauer auch, dass er es schade fände, dass es bei ihm im Ausbildungsbetrieb keinen Betriebsrat gibt, an den man sich vorrangig wenden könnte. Annika Sauer meint, dass der Betrieb eine Jugend- und Auszubildendenvertretung haben müsse, da sie immerhin sieben Auszubildende seien. Da Nico Sauer sagt, dass dies nicht der Fall sei, und Annika Sauer das nicht versteht, erkundigt sie sich bei Rechtsanwalt Peter Huber. Dieser verweist auf das Betriebsverfassungsgesetz, in dem Annika Sauer die entsprechenden Vorschriften nachlesen solle.

Als Annika Sauer im Betriebsverfassungsgesetz nach den Vorschriften für die betriebliche Jugend- und Auszubildendenvertretung sucht, sieht sie auch die Vorschriften zu Betriebsvereinbarungen. Diese liest sie sich gleich durch. Denn in der Akte, die sie gerade angelegt hat, soll Rechtsanwalt Peter Huber für die Metzgerei Karch GmbH & Co. KG, die einen Partyservice betreibt, eine Betriebsvereinbarung aufsetzen, die die Raucherpausen der Mitarbeitenden regelt. Da immer mehr Beschäftigte der Metzgerei beliebige Raucherpausen nehmen, hat die Geschäftsführerin Anna-Maria Karch den entsprechenden Auftrag erteilt.

▶ Die Informationen zu dieser Lernsituation erhalten Sie aus Lernfeld 5, Kapitel 3 des Lehrbuchs.

ARBEITSAUFTRAG

1. Warum will Nico Sauer bei der Lösung des arbeitsrechtlichen Problems die Hilfe der Partnerschaft Dr. Neumann & Huber nicht in Anspruch nehmen?

ARBEITSAUFTRAG

2. Welche weiteren Vorteile bietet ihm die Mitgliedschaft in einer Gewerkschaft?

____

____

____

____

____

____

____

ARBEITSAUFTRAG

3. Die Gewerkschaften sind Tarifvertragsparteien wie auch die Arbeitgeberverbände bzw. einzelne Arbeitgeber. Vervollständigen Sie die folgenden Sätze zu den Tarifvertragsparteien. Einige der einzufügenden Wörter passen zusätzlich in das Buchstabengitter.

a) _______________ sind die Haupteinnahmequelle der Gewerkschaften.

b) ___________ einer Gewerkschaft wird man durch freiwillige _______________.

c) Die _______________ besteht auch nach einem Wohnortwechsel fort.

d) Dem Arbeitnehmer werden Unterstützungszahlungen während des _______________ durch die Gewerkschaften gewährt.

e) Die Gewerkschaften _____________ ihre Mitglieder im Streitfall vor dem _____________ .

f) Die Gewerkschaften __________ ihre Mitglieder in arbeitsrechtlichen Fragen.

g) Tarifvertragsparteien sind die Arbeitnehmerverbände, also die _______________, sowie die Arbeitgeberverbände bzw. __________ Arbeitgeber.

h) Die Tarifvertragsparteien schließen _____________ in __________ Verantwortung. Dies nennt man _______________.

i) Die Mitgliedschaft kann durch den Arbeitnehmer oder die Gewerkschaft __________ werden.

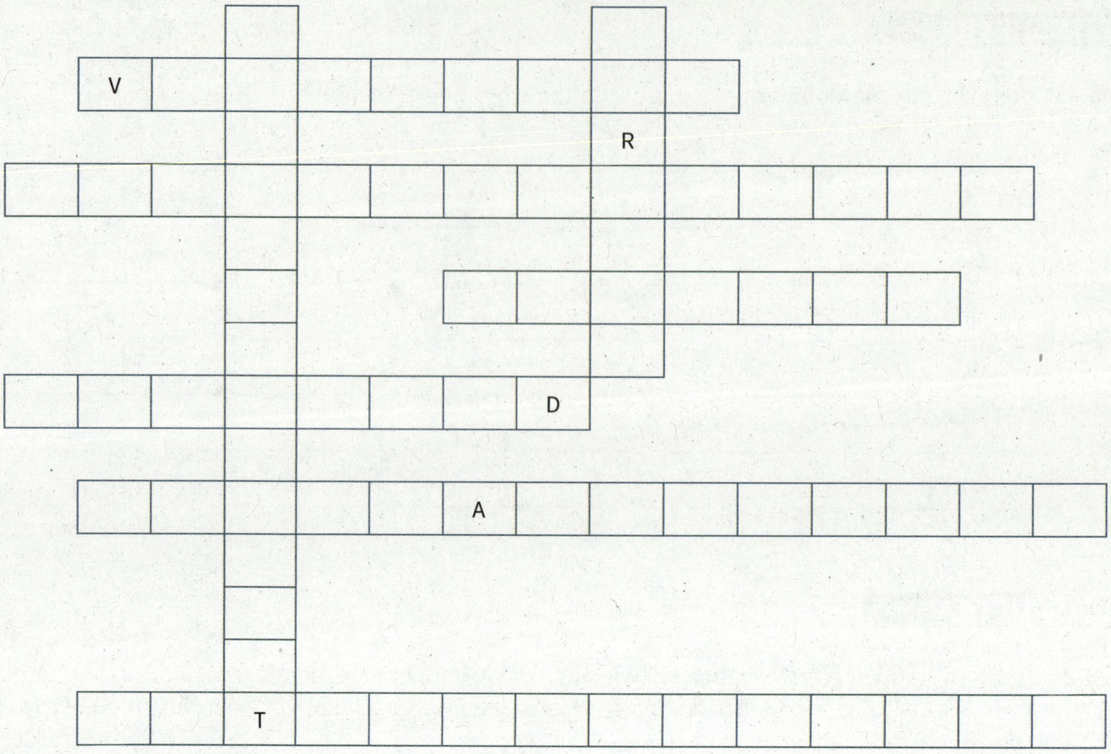

ARBEITSAUFTRAG

4. Lesen Sie im Betriebsverfassungsgesetz zur betrieblichen Jugend- und Auszubildendenvertretung nach und nennen Sie zwei Aufgaben der betrieblichen Jugend- und Auszubildendenvertretung.

ARBEITSAUFTRAG

5. Überlegen Sie gemeinsam in der Klasse, ob im Betrieb von Nico Sauer eine betriebliche Jugend- und Auszubildendenvertretung errichtet werden könnte.

ARBEITSAUFTRAG

6. Was kann durch Betriebsvereinbarungen geregelt werden? Überlegen Sie sich fünf Beispiele.

ARBEITSAUFTRAG

7. Welche Unterschiede ergeben sich für die Geschäftsleitung des Betriebs beim Abschluss einer Betriebsvereinbarung, wenn ein Betriebsrat existiert und wenn keiner existiert?

____

____

____

____

4 Arbeits- und Umweltschutz im Büro

LERNSITUATION

Marion Webermann sowie die beiden Auszubildenden Annika Sauer und Julia Hoffmann kommen aufgrund der Vielzahl der Mandate mit der Arbeit nicht mehr nach. Rechtsanwältin Dr. Annette Neumann und Rechtsanwalt Peter Huber laden deshalb zum Teammeeting ein.

Gleich zu Beginn des Meetings teilen die beiden Partner mit, dass sie überlegen, noch eine Schreibkraft einzustellen, die für Entlastung sorgen soll. Die Idee finden alle gut. Allerdings gibt es ein Problem, denn in den Kanzleiräumen ist eigentlich kein Platz mehr für einen weiteren Arbeitsplatz. Rechtsanwalt Peter Huber bittet daher Julia Hoffmann zu recherchieren, welche Möglichkeiten die Partnerschaft in Bezug auf eine Arbeitsplatzvariante hätte.

Da gerade alle beisammensitzen, spricht Annika Sauer noch zwei Probleme an, die sie gerne gelöst hätte:

„Mein Bürodrehstuhl lässt sich seit ein paar Tagen nicht mehr höhenverstellen. Und ich habe das Gefühl, dass das Kopiergerät immer lauter wird. Wenn Julia Hoffmann gerade Kopien anfertigt und ich telefoniere, kann ich den Gesprächspartner kaum noch verstehen."

Rechtsanwältin Dr. Annette Neumann meint, dass der in die Jahre gekommene und nun defekte Bürodrehstuhl selbstverständlich durch einen neuen Stuhl ersetzt wird. Annika Sauer erhält den Auftrag, zu recherchieren, welche Mindestanforderungen ein Bürodrehstuhl erfüllen muss, damit ein ergonomisches Sitzen möglich ist. Anschließend soll sie Angebote vergleichen. Rechtsanwältin Dr. Annette Neumann bittet aber darum, dass sie nicht alles ausdruckt, sondern eine Übersicht am Computer erstellt und ihr diese dann per E-Mail zuschickt.

Das zweite Problem, die Lautstärke des Kopiergeräts, hat die Büroleiterin Marion Webermann auch bemerkt. Die beiden Partner möchten hier Abhilfe schaffen. Sie bitten Marion Webermann, sich der Sache anzunehmen, die auch schon eine Idee hat.

▶ Die Informationen zu dieser Lernsituation erhalten Sie aus Lernfeld 5, Kapitel 4 des Lehrbuchs.

ARBEITSAUFTRAG

1. Überlegen Sie, welche Arbeitsplatzvarianten für die Partnerschaft Dr. Neumann & Huber in Betracht kämen, um eine zusätzliche Schreibkraft einzustellen.

ARBEITSAUFTRAG

2. Recherchieren Sie im Internet, welche Mindestanforderungen ein Bürodrehstuhl erfüllen muss. Notieren Sie hierzu Stichpunkte.

ARBEITSAUFTRAG

3. Neben dem Bürodrehstuhl zählen auch die technischen Hilfsmittel zu den Arbeitsmitteln. Nennen Sie mindestens vier technische Hilfsmittel.

ARBEITSAUFTRAG

4. Warum bittet Rechtsanwältin Dr. Annette Neumann Annika Sauer darum, nicht alles auszudrucken, sondern lediglich eine Übersicht zu mailen?

ARBEITSAUFTRAG

5. Welche Möglichkeiten gibt es, um das von Annika Sauer geschilderte Problem mit dem lauten Kopiergerät zu lösen?

ARBEITSAUFTRAG

6. Lösen Sie das Rätsel zum Arbeits- und Umweltschutz im Büro. Die markierten Buchstaben ergeben das Wort, das im Lösungssatz fehlt.

a) Ecken und Kanten der Schränke sollten … sein.

b) … können als Schmierpapier wiederverwendet werden.

c) … mit Kollegen können zu psychischen Problemen führen.

d) Statt … sollten wiederaufladbare Akkus verwendet werden.

e) Der … der Bürobeleuchtung beträgt 500 Lux.

f) Der Raumbedarf richtet sich … der Kanzleigröße.

Lösungssatz: Arbeits- und Umweltschutz ___________ verantwortungsbewusstes Vorgehen.

Lernfeld 6

Geschäftsprozesse erfassen, kontrollieren und bewerten

1 Geschäftsprozesse

LERNSITUATION

Julia Hoffmann erledigt am Montagmorgen ihr übertragene Aufgaben:

Posteingang
Hierin befindet sich eine Rechnung der Werbeagentur, die einen neuen Flyer für die Partnerschaft Dr. Neumann & Huber erstellt hat, über 357,00 €. Da die Rechnung korrekt ist, veranlasst Julia Hoffmann die Überweisung an die Werbeagentur. Weiterhin befindet sich in der Post das Angebot der Metzgerei Reichelt für ein angefragtes Catering am Monatsende. Da damit nun alle angefragten Angebote vorliegen, vergleicht Julia Hoffmann die Preise und erstellt eine Übersicht, die sie intern per E-Mail an die Kanzleiinhaber versendet.

Abrechnung
Anschließend bearbeitet Julia Hoffmann die Akte Jens Schlüter wegen Forderung. Rechtsanwältin Dr. Annette Neumann hat Jens Schlüter zunächst lediglich anwaltlich beraten. Die Akte soll abgerechnet werden.

Personalwesen
Es geht dem Monatsende entgegen. Die Kanzleimitarbeiterinnen erhalten in diesem Monat Urlaubsgeld und Julia Hoffmann muss die Beitragsnachweise für die Krankenkassen ändern und die Gehaltsabrechnungen anpassen sowie die Auszahlung des Gehalts veranlassen.

Nachdem sie diese Aufgaben erledigt hat, klingelt es an der Tür. Der Paketbote bringt ein großes Paket in die Kanzlei. Julia Hoffmann sieht sofort, dass es vom Büromaterial-Lieferanten der Kanzlei ist. Bei diesem hat sie vor einer Woche eine Großbestellung aufgegeben, nachdem Marion Webermann sie darum gebeten hatte. Sie öffnet das Paket und vergleicht sofort den Lieferinhalt mit der Bestellung. Anschließend räumt sie das Büromaterial ins Lager.

▶ Die Informationen zu dieser Lernsituation erhalten Sie aus Lernfeld 6, Kapitel 1 des Lehrbuchs.

ARBEITSAUFTRAG

1. Die Abfolge von Einzeltätigkeiten, die zu einem festgelegten Ergebnis führen sollen, wird als Geschäftsprozess bezeichnet. In welche Einzeltätigkeiten gliedert sich der Prozess der Büromaterial-Bestellung durch Julia Hoffmann?

ARBEITSAUFTRAG

2. Unterschieden werden verschiedene Arten von Geschäftsprozessen, nämlich Beschaffungsprozesse, Leistungsprozesse und finanzwirtschaftliche Prozesse. Erklären Sie diese Begriffe kurz und nennen Sie jeweils ein praxisbezogenes Beispiel.

Beschaffungsprozess	
Leistungsprozess	
finanzwirtschaftlicher Prozess	

ARBEITSAUFTRAG

3. Nicht für jeden Geschäftsprozess entsteht ein Buchungsbeleg. Nennen Sie jeweils ein Beispiel, wann ein Buchungsbeleg entsteht und wann nicht.

____

____

____

ARBEITSAUFTRAG

4. Um welche Art von Geschäftsprozess handelt es sich bei den von Julia Hoffmann erledigten Aufgaben? Entsteht hierfür ein Beleg für die Buchhaltung? Vervollständigen Sie die Tabelle.

Geschäftsprozess	Art des Prozesses	Beleg für die Buchhaltung ja/nein
Überweisung der Rechnung der Werbeagentur		
Überprüfung des Angebots der Metzgerei Reichelt		
Erstellung der Beratungsrechnung an Jens Schlüter		
Erstellung der Meldungen zur Sozialversicherung und der Gehaltsabrechnungen sowie Überweisung des Gehalts		

ARBEITSAUFTRAG

5. Julia Hoffmann überweist das Gehalt sowie den Rechnungsbetrag der Werbeagentur vom Kanzleikonto. Um welche Zahlungsart handelt es sich? Welche weiteren Zahlungsarten gibt es noch? Nennen Sie jeweils ein Beispiel.

2 Grundlagen der Buchführung

LERNSITUATION

Die Rechtsanwaltskanzlei Dr. Neumann & Huber betreut seit Jahren den Klienten Michael Löwinger. Er ist Schreiner und seit vielen Jahren selbstständig tätig. Bislang hat sich seine Ehefrau immer um die Buchhaltung gekümmert. Sie ist jedoch vor einem Jahr bei einem Verkehrsunfall ums Leben gekommen. Seitdem erledigt Michael Löwinger selbst die Buchhaltung. Eines Tags erhält er Post vom Finanzamt. Dieses setzt ihm eine letzte Frist zur Korrektur der Einkommensteuererklärung inklusive Einnahmenüberschussrechnung.

Da er nicht weiß, was er noch veranlassen soll, fragt er Rechtsanwältin Dr. Annette Neumann um Rat. Diese übernimmt die steuerrechtliche Angelegenheit und bittet ihn, sämtliche Buchhaltungsunterlagen des vergangenen Jahrs zur Besprechung mitzubringen.

Wie vereinbart kommt Michael Löwinger am Freitag in die Kanzlei, bespricht die Angelegenheit mit Rechtsanwältin Dr. Annette Neumann und nimmt den Termin zum Anlass, um auch gleich noch die aktuelle Rechnung in der Sache Michael Löwinger ./. Norbert Hullermann in Höhe von 90,96 € zu bezahlen. Rechtsanwältin Dr. Annette Neumann übergibt ihm eine entsprechende Quittung und gibt das Geld sowie die Quittungsdurchschrift anschließend an Julia Hoffmann, mit der Bitte, das Geld in die Kanzleikasse zu legen und entsprechend zu buchen.

Weiterhin übergibt Rechtsanwältin Dr. Annette Neumann Julia Hoffmann die steuerlichen Unterlagen mit der Bitte, die Buchungen zu überprüfen. Julia Hoffmann arbeitet sich durch den ganzen Berg an Unterlagen. Dabei stellt sie Folgendes fest:

- *Nicht alle Belege wurden chronologisch gebucht.*
- *Als Betriebsausgaben wurden die Beerdigungskosten gebucht.*
- *Ein Teil der Einnahmen wurde nicht gebucht.*
- *Zum Teil wurden Buchungen vorgenommen, die aufgrund eines fehlenden Belegs nicht nachvollziehbar sind.*
- *In den Unterlagen befindet sich auch die Abmeldung von der alten Krankenkasse vor acht Jahren.*

Somit wurden die Grundsätze der ordnungsmäßigen Buchführung nicht vollständig eingehalten. Julia Hoffmann weiß nicht weiter und wendet sich an Marion Webermann. Diese bittet Julia Hoffmann, alle fraglichen Punkte genauestens aufzulisten, damit diese mit Michael Löwinger abgeklärt werden können.

▶ Die Informationen zu dieser Lernsituation erhalten Sie aus Lernfeld 6, Kapitel 2 des Lehrbuchs.

ARBEITSAUFTRAG

1. Im Kassenbuch werden nicht nur Barzahlungen von Mandantschaften eingetragen, sondern auch Kanzleiausgaben. Nennen Sie drei Beispiele.

____

____

ARBEITSAUFTRAG

2. Welche Daten muss Julia Hoffmann allgemein und im vorliegenden Fall ins Kassenbuch eintragen?

____

____

____

____

____

ARBEITSAUFTRAG

3. Vervollständigen Sie die Tabelle zu den Grundsätzen ordnungsmäßiger Buchführung.

Grundsatz der Übersichtlichkeit	Grundsatz der Sicherheit	Grundsatz der Vollständigkeit	Grundsatz der Richtigkeit
Die Geschäftsfälle müssen geordnet __________ werden, also sind die Buchungen einzeln und geordnet auf Konten darzustellen (______________). Wenn Änderungen vorgenommen werden, müssen diese erkennbar sein. Auch angewendete DV-Verfahren müssen in einer ______________ verständlich und nachvollziehbar sein. Es ist darauf zu achten, dass das eingesetzte Verfahren mit dem in der Dokumentation identisch ist. Die __________________ von ______ Jahren ist zu beachten.	Die Buchführungsunterlagen müssen _______ aufbewahrt werden. Die Daten können grundsätzlich auf ____________ gespeichert werden, wenn sie mit einem entsprechenden Gerät __________ bis __________ der Aufbewahrungsfrist _______ gemacht werden können.	Die Geschäftsfälle müssen chronologisch, _______, vollständig und __________ erfasst werden.	Die Buchung muss mit dem Beleg __________ sein.

ARBEITSAUFTRAG

4. Die Grundsätze ordnungsmäßiger Buchführung wurden vorliegend nicht durchgängig eingehalten. Entsprechend hat das Finanzamt formelle und materielle Mängel festgestellt. Definieren Sie kurz, was damit gemeint ist. Ordnen Sie sodann zu, ob es sich vorliegend um formelle oder materielle Mängel handelt.

____

____

____

____

____

ARBEITSAUFTRAG

5. Muss die Abmeldung von der alten Krankenkasse noch aufbewahrt werden?

ARBEITSAUFTRAG

6. Es gibt weitere gesetzliche Aufbewahrungsfristen, die speziell bei der Buchhaltung gelten. Vervollständigen Sie die Tabelle.

Beispiel	gesetzliche Aufbewahrungsfrist
Buchhaltungsunterlagen	
Geschäftsbriefe	
Beitragsabrechnungen zur Sozialversicherung	
steuerrechtlich relevante Aktenvermerke	
Bestandsverzeichnis	

3 Ermittlung des Gewinns mit der Einnahmenüberschussrechnung

LERNSITUATION

Marion Webermann erstellt die Einnahmenüberschussrechnung der Kanzlei Dr. Neumann & Huber für das Jahr 2023. Annika Sauer und Julia Hoffmann gehen ihr dabei zur Hand. Annika Sauer kümmert sich um die Betriebseinnahmen und Julia Hoffmann um die Ausgaben der Kanzlei.

Annika Sauer hat bereits errechnet, dass die Kanzlei Honorare in Höhe von 253 560,00 € netto eingenommen hat. Umsatzsteuer wurde in Höhe von 48 176,40 € vereinnahmt. Im Ordner befindet sich noch ein Beleg mit folgendem Inhalt:

Anschaffung von zwei höhenverstellbaren Schreibtischen. Die zwei alten Schreibtische gingen zum Restwert von je 80,00 € in das Privatvermögen von Rechtsanwalt Peter Huber über.

Annika Sauer erkundigt sich bei Marion Webermann, wie sie mit diesem Beleg umgehen soll.

Julia Hoffmann hat bereits Ausgaben zugeordnet:
- Personalkosten: 98 000,00 €
- Portokosten: 2 660,00 €
- Fortbildungskosten: 1 800,00 €
- Abschreibungen: 5 500,00 €

Daneben hat Julia Hoffmann aber zwei Probleme, mit denen sie nicht weiterkommt. Die Kanzlei hat seit März 2023 fünf Stellplätze in der gegenüberliegenden Tiefgarage angemietet. Hierfür wird monatlich ein Betrag von 450,00 € gezahlt. Dieser wird jeweils zum 28. eines Monats für den folgenden Monat vom Konto abgebucht. Sie fragt sich, ob sie nun die Miete für Januar 2024, die am 28. Dezember abgebucht wird, noch mit aufnehmen muss. Zudem fragt sie sich, ob der Betrag von 60,15 € für den Kauf eines neuen schnurlosen Telefons nicht eigentlich über die Nutzungsdauer abgeschrieben werden müsste. Stattdessen wurde er am Tag des Kaufs sofort als Aufwand erfasst. Sie bespricht die beiden Fragestellungen mit Marion Webermann.

Marion Webermann bittet Annika Sauer und Julia Hoffmann anschließend, ihr einen Zwischenstand über die bisher ermittelten Einnahmen und Ausgaben zu geben. Sie ist gespannt, ob es nach bisherigem Stand auf einen Gewinn oder einen Verlust hinausläuft.

▶ Die Informationen zu dieser Lernsituation erhalten Sie aus Lernfeld 6, Kapitel 3 des Lehrbuchs.

ARBEITSAUFTRAG

1. Bei der Erfassung der Einnahmen und Ausgaben gilt das Abfluss- und Zuflussprinzip. Nennen Sie für das Abfluss- und das Zuflussprinzip jeweils ein praxisbezogenes Beispiel.

____

____

____

____

ARBEITSAUFTRAG

2. Wird der Betrag von insgesamt 160,00 € für die zwei Schreibtische, die ins Privatvermögen von Rechtsanwalt Peter Huber übergehen, in die Sparte Einnahmen der Einnahmenüberschussrechnung aufgenommen, auch wenn es sich hierbei nicht um das Abfluss- oder Zuflussprinzip handelt? Begründen Sie Ihre Antwort.

____

____

____

____

____

ARBEITSAUFTRAG

3. Neben der Entnahme von Gegenständen gibt es weitere Ausnahmen vom Abfluss- oder Zuflussprinzip. Vervollständigen Sie die Tabelle.

Entnahme von Gegenständen	Kauf von Anlagevermögen	10-Tages-Frist
Ein Gegenstand, der für den ________ ________________ gekauft wurde, kann gegen eine __________ in Höhe des _______________ mit nach Hause genommen und _______ genutzt werden.	Ein Gegenstand, der mit der Absicht gekauft wurde, über einen _______ __________ genutzt zu werden, kann über einen gewissen Zeitraum _______________ werden (AfA).	Ständig ________________ Einnahmen und Ausgaben müssen dem Zeitraum der ____________ und nicht dem Zeitpunkt der _________ zugeordnet werden. Es gilt die sog. _________________.

ARBEITSAUFTRAG

4. Welchen Betrag kann Julia Hoffmann bei den Mietkosten mit in die Aufstellung der Kanzleiausgaben aufnehmen?

ARBEITSAUFTRAG

5. Ist es möglich, den Betrag von 60,15 € netto für das schnurlose Telefon sofort als Aufwand zu erfassen oder müsste der Betrag über die Nutzungsdauer abgeschrieben werden?

ARBEITSAUFTRAG

6. Annika Sauer und Julia Hoffmann tragen auf Wunsch von Marion Webermann ihre bisher ermittelten Einnahmen und Ausgaben zusammen. Ermitteln Sie, ob mit den bisherigen Zahlen für das Jahr 2023 ein Gewinn oder ein Verlust erzielt wurde.

4 Kaufmännische Buchführung und Bilanzierung

LERNSITUATION

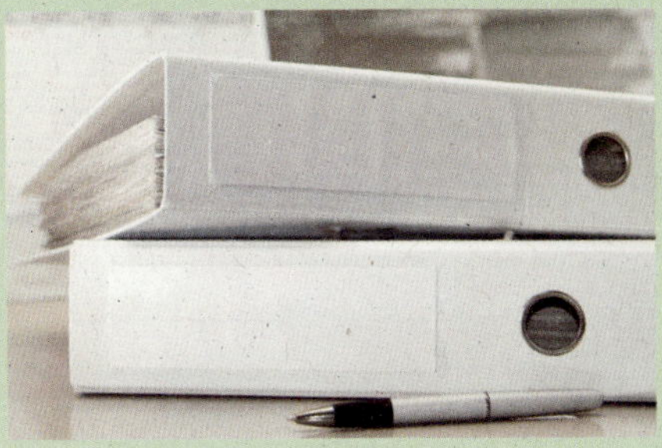

Rechtsanwalt Peter Huber wird von Klaus Reimer in einer erbrechtlichen Angelegenheit beauftragt. Der Vater von Klaus Reimer ist verstorben und hat ihn als Alleinerben eingesetzt. Er war sehr vermögend und hat u. a. ein Unternehmen, die Reimer Robotik GmbH, hinterlassen. Direkt nach der Eröffnung des Testaments hat Linda Reimer, die Schwester von Klaus Reimer, ihren Pflichtteil geltend gemacht.

Während der Besprechung übergibt Klaus Reimer an Rechtsanwalt Peter Huber sämtliche Unterlagen, die den Nachlass betreffen. Rechtsanwalt Peter Huber übergibt die Ordner nach der Besprechung an Annika Sauer, die sie interessiert durchsieht. In den Ordnern befinden sich u. a. Buchhaltungsunterlagen sowie das letzte Inventar mit dazugehörenden Notizen:

- Fahrzeuge
- Software
- Betriebs- und Geschäftsausstattung
- Forderungen
- Hypothekendarlehen
- Verbindlichkeiten aus Lieferungen und Leistungen

Unter den Unterlagen befindet sich auch eine Rechnung des Autohauses Schnell & Hurtig GmbH über einen neuen Pkw, den sich der Vater von Klaus Reimer ein paar Monate vor seinem Tod noch gekauft hat.

Nach den ersten Berechnungen steht Linda Reimer ein erheblicher Pflichtteilsanspruch zu. Daher empfiehlt Rechtsanwalt Peter Huber dem Mandanten, bereits eine Abschlagszahlung von 35 000,00 € auf die voraussichtliche Pflichtteilsschuld zu bezahlen. Da der Mandant nichts mehr mit seiner Schwester zu tun haben will, bittet er Rechtsanwalt Peter Huber darum, dass die Kanzlei den Pflichtteilsbetrag an seine Schwester überweist. Der Mandant zahlt den Abschlag ein paar Tage später auf das Kanzleikonto ein. Rechtsanwalt Peter Huber leitet den Betrag auftragsgemäß an Linda Reimer weiter.

▶ Die Informationen zu dieser Lernsituation erhalten Sie aus Lernfeld 6, Kapitel 4 des Lehrbuchs.

ARBEITSAUFTRAG

1. Erklären Sie kurz den Unterschied zwischen Inventur und Inventar.

____

____

____

____

ARBEITSAUFTRAG

2. Vervollständigen Sie die Tabelle, indem Sie die oben genannten Positionen an die passende Stelle des Inventars schreiben.

Inventar	
Vermögen	**Schulden**
Anlagevermögen • immaterielle Vermögensgegenstände: ______ • Sachanlagen: ______ ______ **Umlaufvermögen** ______	• langfristige Schulden: ______ • kurzfristige Schulden: ______

ARBEITSAUFTRAG

3. Die Rechnung des Autohauses bzgl. des Neukaufs des Pkw kann nicht sofort in voller Höhe berücksichtigt werden. Der Pkw ist über eine gesetzlich festgelegte Zeit abzuschreiben. Er ist daher in ein sog. Anlageverzeichnis aufzunehmen. Welche Informationen enthält ein solches Anlageverzeichnis?

______
______
______
______
______
______

ARBEITSAUFTRAG

4. Ermitteln Sie mithilfe des Internets, über welchen Zeitraum die folgenden Gegenstände, deren Anschaffungskosten jeweils über 1 000,00 € netto lagen, laut AfA-Tabelle abgeschrieben werden müssen.

Es werden neue Schränke für die Sekretariate angeschafft.	
Es wird ein neues Multifunktionsgerät benötigt.	
Die Telefonanlage ist in die Jahre gekommen und muss ersetzt werden.	
Es werden neue Monitore angeschafft.	
Die Schreibtische in den Büros werden durch höhenverstellbare Tische ersetzt.	
Die Regale für die Aktenablage müssen erneuert werden.	
Es wird eine Betriebssoftware angeschafft.	

ARBEITSAUFTRAG

5. Wie lauten die zwei Buchungssätze bzgl. des Fremdgelds, welches zunächst auf dem Kanzleikonto eingeht und anschließend von Rechtsanwalt Peter Huber an die Gegenseite weitergeleitet wird?

ARBEITSAUFTRAG

6. Wie lautet die allgemeine Buchungsanweisung in der kaufmännischen Buchführung?

5 Steuern

LERNSITUATION

Marion Webermann bittet Julia Hoffmann am 06.12.2023 darum, gleich als erstes die noch fehlenden Buchungen für November 2023 vorzunehmen. Da es nicht mehr viele Einnahmen und Ausgaben waren, ist Julia Hoffmann damit schnell fertig und legt Marion Webermann die entsprechenden Unterlagen vor.

Marion Webermann überprüft die vorgenommenen Buchungen und notiert sich sodann folgende Beträge:

Honorareinnahmen: 35 680,13 €
vereinnahmte Umsatzsteuer (19 %): 5 696,83 €
Vorsteuer: 1 215,01 €

Annika Sauer sieht dies und erkundigt sich, wofür Marion Webermann diese Daten benötigt. Marion Webermann erklärt ihr, dass die Partnerschaft Dr. Neumann & Huber verpflichtet ist, monatlich eine Umsatzsteuervoranmeldung abzugeben. In dem vom Finanzamt zur Verfügung gestellten Formular müssen die Honorareinnahmen des Monats angegeben werden, die vereinnahmte Umsatzsteuer, die gezahlte Vorsteuer und dergleichen.

Annika Sauer wundert sich. Sie war der Meinung, dass die Umsatzsteuererklärung für das gesamte Jahr abgegeben werden muss, so wie auch die Einkommensteuererklärung.

Marion Webermann erklärt Annika Sauer, dass es für die Partnerschaft Dr. Neumann & Huber durchaus vorteilhaft ist, wenn die Umsatzsteuervoranmeldung jeden Monat vorgenommen werden muss. Sie beauftragt Annika Sauer, sich über die Vorschriften bzgl. der Umsatzsteuermeldungen im Internet zu informieren und dann darüber zu berichten.

▶ Die Informationen zu dieser Lernsituation erhalten Sie aus Lernfeld 6, Kapitel 5 des Lehrbuchs.

ARBEITSAUFTRAG

1. Die Partnerschaft Dr. Neumann & Huber muss die Umsatzsteuervoranmeldung monatlich vornehmen. Insgesamt gibt es drei Abgabezeiträume. Nennen Sie diese und erläutern Sie kurz, wann welcher Abgabezeitraum gilt.

ARBEITSAUFTRAG

2. Bis wann muss die Umsatzsteuervoranmeldung in der Regel beim zuständigen Finanzamt vorliegen? Gibt es Ausnahmen hiervon?

ARBEITSAUFTRAG

3. Wann muss Marion Webermann spätestens die Umsatzsteuervoranmeldung der Partnerschaft Dr. Neumann & Huber für den Monat November 2023 abgeben?

ARBEITSAUFTRAG

4. Worin liegt der Vorteil bei der monatlichen Abgabe der Umsatzsteuervoranmeldung?

ARBEITSAUFTRAG

5. Ermitteln Sie im vorliegenden Fall die abzuführende Umsatzsteuer (= Zahllast).

ARBEITSAUFTRAG

6. Nennen Sie den Fachbegriff für den Fall: Die gezahlte Vorsteuer ist höher als die Umsatzsteuer.

ARBEITSAUFTRAG

7. Vervollständigen Sie die Tabelle zum Thema Einkommensteuer.

Auf was wird die Einkommensteuer erhoben?	
Welches Gesetz legt den Umfang der Besteuerung fest?	
Einkünfte abzgl. Betriebsausgaben ergeben die …	
Nennen Sie den Veranlagungszeitraum der Einkommensteuer.	
Welches Finanzamt ist für die Erhebung der Einkommensteuer zuständig?	
Bis wann muss die Einkommensteuererklärung beim Finanzamt abgegeben werden?	
Gegebenenfalls kann eine Einkommensteuervorauszahlung durch das Finanzamt festgesetzt werden. Wonach richtet sich die Vorauszahlung?	

Lernfeld 7

Wirtschaftliche Einflüsse auf betriebliche Entscheidungen beurteilen

1 Die Grundlagen des Wirtschaftens

LERNSITUATION

Annika Sauer hat das Café Petit Montmartre entdeckt und versorgt sich und weitere Kolleginnen mit Croissants, Madeleines und Café au Lait. Besonders begehrt sind die mit echter Vanille hergestellten Vanillecroissants. Wegen Lieferschwierigkeiten bei Vanille kann Annika Sauer eines Morgens für drei Kolleginnen nur zwei Vanillecroissants mitbringen. Es stellt sich nun die Frage der Verteilung.

Marion Webermann erläutert ihr, dass diese Mangelsituation auf die gesamte Volkswirtschaft übertragen werden kann. Auch dort sind wegen genereller Knappheit von Gütern nicht alle Wünsche erfüllbar, sodass gewirtschaftet werden muss. Hier müsse Annika Sauer nun ganz rational, eben als Homo oeconomicus, an das Problem herangehen.

Annika Sauer kann sich unter dem Homo oeconomicus nichts vorstellen und versteht auch nicht, wie ihre persönliche Situation mit der gesamten Volkswirtschaft in Deutschland zusammenhängen soll. Marion Webermann verweist darauf, dass z. B. in Krisensituationen der Staat versucht, durch Subventionen helfend einzugreifen. Damit diese Subventionen aber auch wirksam werden, müssen die verschiedenen Beziehungen der am Wirtschaftsleben Beteiligten verstanden werden. Hierbei werde mit einem stark vereinfachten Modell gearbeitet, um Wirkungsmechanismen zu erkennen. So führe z. B. eine Subvention an eine Fluggesellschaft dazu, dass diese sowie auch die Arbeitsplätze in diesem Unternehmen erhalten bleiben. Dadurch können die Arbeitskräfte und die Betreiber der Fluggesellschaft weiterhin Steuern zahlen und durch den Kauf von Gütern das Einkommen anderer Unternehmen sichern. Nicht zuletzt können die Arbeitskräfte Teile ihres Einkommens auch sparen. Dadurch steht den Banken Geld zur Verfügung, welches sie Unternehmen als Kredit überlassen können, damit diese Unternehmen z. B. umweltschonendere Produktionsverfahren entwickeln können.

Annika Sauer brummt erst einmal der Kopf. Sie setzt sich daher zunächst mit den Grundlagen und den verschiedenen Begriffen, Prinzipien und Modellen des Wirtschaftens auseinander.

▶ Die Informationen zu dieser Lernsituation erhalten Sie aus Lernfeld 7, Kapitel 1 des Lehrbuchs.

ARBEITSAUFTRAG

1. Erläutern Sie den Begriff Homo oeconomicus.

ARBEITSAUFTRAG

2. Ergänzen Sie die Übersicht zum Zusammenhang zwischen Bedürfnis, Bedarf, Angebot und Nachfrage.

Bedürfnis →	Bedarf →	Angebot →	Nachfrage
Dieses entsteht aus einem ____________ ____________ ____________	Er entwickelt sich über die ____________	Das Angebot ist die Reaktion auf den ____________	Die Nachfrage nimmt das ________ in ________
Annika Sauer und ihre Kolleginnen haben ein Bedürfnis nach ____________	Dieser Bedarf äußert sich in der Suche nach einem ______, welches das Gebäck anbietet.	Das ______ ____________ bietet ____________ an.	Annika Sauer und ihre Kolleginnen nehmen durch den ______ das Angebot in Anspruch.

ARBEITSAUFTRAG

3. Ordnen Sie die einzelnen Güter und Dienstleistungen einer Rechtsanwaltskanzlei den betriebswirtschaftlichen oder volkswirtschaftlichen Produktionsfaktoren zu.

- Arbeitsmarkt für Rechtsanwaltsfachangestellte
- Fotokopierer der Kanzlei
- angemietete Kanzleiräume
- Vertretung der Mandantschaft vor Gericht
- offene Forderungen gegenüber den Mandantschaften
- Kreditmöglichkeit, die die Hausbank der Kanzlei zur Verfügung stellen kann

betriebswirtschaftliche Produktionsfaktoren = jene des einzelnen Unternehmens

volkwirtschaftliche Produktionsfaktoren = jene der Gesamtheit aller Wirtschaftssubjekte

ARBEITSAUFTRAG

4. Beim Lernen stößt Annika Sauer auf Maximal-, Minimal- und Optimalprinzip als ökonomische Prinzipien. Da sie sich gerade auf eine Klassenarbeit vorbereitet und wenig Zeit zum Lernen hat, überlegt sie, wie sie diese Prinzipien auf ihren Lernprozess übertragen kann. Ergänzen Sie die Tabelle.

ökonomisches Prinzip	Definition des Prinzips	Anwendung auf den Lernprozess
Maximalprinzip		
Minimalprinzip		
Optimalprinzip		

ARBEITSAUFTRAG

5. Annika Sauer ist der Ansicht, dass bei Entscheidungen nicht rein nach dem ökonomischen Prinzip vorgegangen werden sollte. Sie findet, dass der Umweltschutz und damit das ökologische Prinzip immer mehr eine Rolle spielt. Begründen Sie, inwieweit ökologische und ökonomische Prinzipien sich ergänzen oder aber auch in einem Konflikt stehen können.

____

____

____

____

____

____

ARBEITSAUFTRAG

6. Am Beispiel der Vanillelieferung für ihr Lieblingscafé erkennt Annika Sauer, dass in einer Volkswirtschaft verschiedene Wirtschaftssubjekt in Beziehung zueinander stehen. Sie beschäftigt sich daher mit dem Modell des Wirtschaftskreislaufs näher.

   a) Ergänzen Sie den Lückentext.

   Das Modell des Wirtschaftskreislaufs beschreibt die Beziehungen zwischen den ______________ einer Volkswirtschaft, um so Wirkungsmechanismen und Eingriffsmöglichkeiten festzustellen. Die komplexe wirtschaftliche ________ wird zu diesem Zweck stark __________.

   Im vereinfachten Wirtschaftskreislauf werden nur die Wirtschaftssubjekte __________ und __________ betrachtet. ________ stellen Arbeitskräfte, _______ Wirtschaftsgüter oder ______ Teile ihres Einkommens. ____________ produzieren ______ oder stellen ____________ bereit. Außerdem zahlen sie die Einkommen an die ________.

   Im erweiterten Wirtschaftskreislauf kommen noch die Sektoren _____ und _______ hinzu. An den Staat sind _______ zu zahlen. Dafür _____ er aber auch Güter oder zahlt Arbeitseinkommen an die ____________ ____________. Hinzu kommen __________ an Unternehmen und ______________ z. B. BAföG oder Kindergeld an Haushalte. Banken vergeben ________. Die finanziellen Möglichkeiten ergeben sich durch die __________.

   Erst durch die Banken ist der Wirtschaftskreislauf nicht mehr ________. Das ________ Einkommen kann den Unternehmen für Investitionen zur Verfügung gestellt werden. Dadurch können Produktionsverfahren und Güter ____________ werden.

b) Im skizzierten Wirtschaftskreislauf sollen nunmehr nur die Geldströme betrachtet werden, da diese – zumindest im Modell – den Güterströmen entsprechen und zu einer Vereinfachung des Modells führen. Ergänzen Sie die Sektoren und ordnen Sie die Nummern den Geldströmen zu:

Lohn und Gehalt	Steuern der Unternehmen
Sparen	Steuern der Haushalte
Subventionen	Investitionen
Konsum	Transferzahlungen

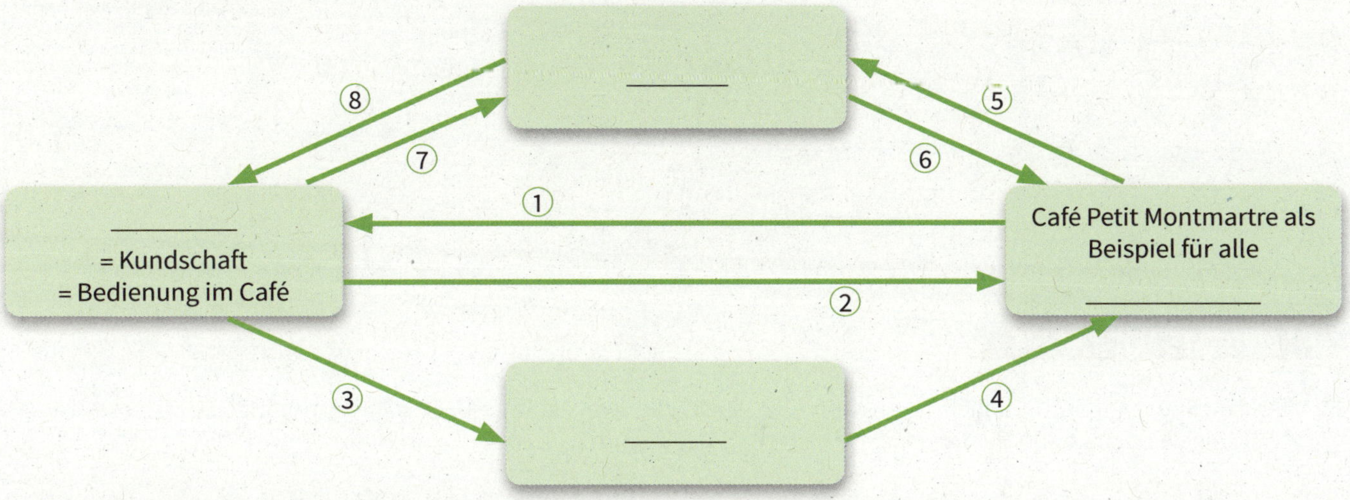

2 Wirtschaftsordnungen

LERNSITUATION

Annika Sauer ist verzweifelt auf der Suche nach einer eigenen kleinen Wohnung. Die Mietpreise sind jedoch so hoch, dass sie sich diese nicht leisten kann.

Mit Julia Hoffmann unterhält sie sich über die Situation. Dabei vertritt Annika Sauer die Ansicht, dass der Staat dafür sorgen müsse, dass genügend bezahlbare Wohnungen zur Verfügung stehen. Am besten wäre es, wenn der Staat selbst Wohnungen anbietet.

Julia Hoffmann widerspricht ihr. Ihr Onkel vermiete eine Wohnung. Durch die staatliche Mietpreisbremse und die Schutzvorschriften für Mieter wie den Kündigungsschutz bestehe für ihren Onkel immer das Risiko, dass er Mietern manchmal selbst dann nur schwer kündigen könne. Wenn ein Interessent bereit wäre, höhere Mieten zu zahlen, sei es für ihren Onkel nahezu unmöglich, die Wohnung teurer zu vermieten. Deshalb ist Julia Hoffmann der Ansicht, dass der Staat am besten gar nicht eingreife. Schließlich könne doch die Nachfrage das Angebot regeln.

Marion Webermann, die die Diskussion mitbekommen hat, verweist darauf, dass diese beiden Extrempositionen jeweils ihre Nachteile hätten. Sie kommen daher auch in der Realität nicht mehr in der Reinform vor. Man habe sich in der Bundesrepublik Deutschland für die soziale Marktwirtschaft entschieden, um grundsätzlich die Wirtschaft frei walten zu lassen, deren Nachteile aber auszugleichen.

Annika Sauer versucht daraufhin, die Unterschiede den verschiedenen Wirtschaftsordnungen zu verstehen.

▶ Die Informationen zu dieser Lernsituation erhalten Sie aus Lernfeld 7, Kapitel 2 des Lehrbuchs.

ARBEITSAUFTRAG

1. Die Wirtschaftsordnung ist ein Bestandteil der Gesellschaftsordnung. Die Gesellschaftsordnungen unterscheiden sich grundsätzlich danach, ob die Bürger als Gruppe (= kollektivistisch) oder der Bürger als Individuum (= individualistisch) im Mittelpunkt stehen.

   Ergänzen Sie die Tabelle zur Unterscheidung der beiden Arten.

kollektivistische Gesellschaftsordnung	Merkmale	individualistische Gesellschaftsordnung
	im Mittelpunkt stehende Interessen	
	Produktionsmittel	
	Verteilung der erzeugten Güter	
	Rolle des Staats	
	Wirtschaftsordnung	

ARBEITSAUFTRAG

2. Annika Sauer vergleicht anhand ihrer Wohnungssuche die zwei extremen Wirtschaftsordnungen der Zentralverwaltungswirtschaft und der freien Marktwirtschaft miteinander.

   Wenden Sie in der Tabelle die einzelnen Kriterien der jeweiligen Wirtschaftsordnung auf den Fall von Annika Sauer an.

Kriterien	Zentralverwaltungswirtschaft	freie Marktwirtschaft
Wer plant oder lenkt den Wohnungsmarkt?	zentral = durch den Staat	dezentral = durch jedes einzelne Wirtschaftssubjekt
Wie entsteht der Mietpreis?	Entscheidung durch den Staat	Marktmechanismus
Wer ist Eigentümer der Mietwohnungen?	staatlich	privat
Wonach bestimmt sich, wie viele Mietwohnungen zur Verfügung stehen?	Planerfüllung	Gewinn

ARBEITSAUFTRAG

3. Begründen Sie anhand von Annika Sauers Wohnungssuche, weshalb Zentralverwaltungswirtschaft und freie Marktwirtschaft in ihrer Reinform in der Realität nicht mehr vorkommen.

ARBEITSAUFTRAG

4. Annika Sauer erfährt, dass insbesondere die gesetzlichen Sozialversicherungen, die Tarifautonomie und das Kartellgesetz die soziale von der freien Markwirtschaft unterscheiden.

   Vervollständigen Sie den Lückentext.

   Für das heutige Sozialversicherungssystem schuf bereits ____________ zum Ende des ___ Jahrhunderts die Voraussetzungen. Auslöser war die Situation der __________. In einer freien Marktwirtschaft wird der _____ lediglich durch die Produktivität der Arbeiter bestimmt. Im Fall von Krankheit oder _____ waren die Arbeiter dann ohne _________. Das Sozialversicherungssystem umfasst heute die ______-, ______-, ______-, und _________________. Hinzu kommt noch die Unfallversicherung als 5. Zweig.

   Neben diesem Ausgleich wird den Arbeitnehmern mittels der ___________ aber auch die Möglichkeit gegeben, bei der Höhe der _________ oder der Gestaltung der Arbeitsbedingungen _________. Es stehen sich dann nicht mehr der _______ Arbeitnehmer und Arbeitgeber als Vertragspartner gegenüber, sondern ___________ und Arbeitgeberverbände führen _____________ durch und schließen _________.
   Mittels ______ als Kampfmittel können die Interessen der __________ stärker durchgesetzt werden.

   Wenn in der freien Marktwirtschaft der _____ nur durch Angebot und ________ bestimmt wird, besteht das Risiko, dass sich Unternehmen ______________ und ein Gut nur zu einem ganz bestimmten Preis anbieten. Je größer ein Unternehmen ist, desto mehr _______ hat es auf die Preisgestaltung. Deutlich wird dies an _________. Wenn nur ein Vermieter alle Wohnungen im Eigentum hat, kann er den Preis sehr frei bestimmen. Der _________ ist dadurch ausgeschaltet. Daher wurde zum Schutz des Wettbewerbs das _____ geschaffen. Das _____________ kontrolliert und verbietet ___________________.

3 Der Markt

LERNSITUATION

Julia Hoffmann ist auf der Suche nach einem neuen Smartphone. Sie ist verwirrt über die Vielzahl der Angebote und wundert sich über die unterschiedlichen Preise für Smartphones mit durchaus ähnlichen Funktionen und Kapazitäten.

Sie unterhält sich hierüber mit Annika Sauer, die ihr erklärt, sie spare lieber und kaufe sich ein hochwertiges Smartphone von bekannten Herstellern. Dies kann Julia Hoffmann nicht verstehen, da ihr der Name nicht so wichtig ist wie das Produkt selbst. Sie würde niemals so viel Geld bezahlen.

In der Diskussion überlegen sich die beiden, wie es überhaupt zu den konkreten Preisen kommt. Annika Sauer meint, dass namhafte Hersteller die Preise frei bestimmen können. Julia Hoffmann ist überzeugt, dass das Unternehmen zunächst einmal zumindest die Herstellkosten durch den Preis abdecken müsse. Wenn es 50,00 € koste, ein bestimmtes Smartphone herzustellen, müsse das Unternehmen dies mindestens als Preis festlegen. Ansonsten richte sich aber der Preis doch vor allem danach, was die Kundschaft zu zahlen bereit wäre. Mittlerweile sei es auch immer mehr üblich, dass noch im Geschäft selbst gehandelt werde, sodass der genannte Preis durchaus auch noch verändert werden könne.

Sie beschließen daraufhin zu recherchieren, wie die Preise für ein Produkt gebildet werden. Um die Mechanismen auf einem Markt besser nachvollziehen zu können, setzen sie sich mit ihren Lehrkräften in Verbindung und führen in einer Unterrichtsstunde ein Börsenspiel durch. Hierbei soll eine 20-köpfige Klasse die Nachfrageseite bilden und angeben, welchen Preis sie für ein Smartphone ausgeben würden. Eine 30-köpfige Klasse spielt die Angebotsseite und gibt an, für welchen Preis sie das Smartphone verkaufen würden. Das Spiel ergibt:

Nachfrageseite:	Bei 200,00 €	kaufen	5 Schülerinnen und Schüler.
	Bei 150,00 €	kaufen	10 Schülerinnen und Schüler.
	Bei 100,00 €	kaufen	15 Schülerinnen und Schüler.
	Bei 50,00 €	kaufen	20 Schülerinnen und Schüler.
Angebotsseite:	Für 200,00 €	verkaufen	30 Händlerinnen und Händler.
	Für 150,00 €	verkaufen	25 Händlerinnen und Händler.
	Für 100,00 €	verkaufen	15 Händlerinnen und Händler.
	Für 50,00 €	verkaufen	0 Händlerinnen und Händler.

Die Ergebnisse des Börsenspiels nutzen die Schülerinnen und Schüler, um sich untereinander die Gesetzmäßigkeiten eines Markts zu verdeutlichen.

Rechtsanwältin Katharina Schuh erfährt von der Untersuchung und lässt die beiden Auszubildenden zu Übungszwecken an einem Werbekonzept für ein neues Geschäftsfeld der Rechtsanwaltskanzlei Dr. Neumann & Huber mitarbeiten. Die Werbung soll das Angebot bekannt machen und die Nachfrage fördern.

▶ Die Informationen zu dieser Lernsituation erhalten Sie aus Lernfeld 7, Kapitel 3 des Lehrbuchs.

ARBEITSAUFTRAG

1. Annika Sauer recherchiert, dass für die Preisbildung vor allem entscheidend ist, welche Marktform vorliegt.

   Definieren Sie den Begriff des Markts und unterscheiden Sie die drei Marktformen Polypol, Oligopol und Monopol.

ARBEITSAUFTRAG

2. Die Ergebnisse des Börsenspiels übertragen Annika Sauer und Julia Hoffmann in ein Koordinatensystem. Dabei verbinden sie die Daten der „Käufer“ zu einer Nachfragekurve und die Daten der „Händler“ zu einer Angebotskurve.

   a) Übertragen Sie die Daten aus der Untersuchung in das Koordinatensystem und bestimmen Sie den Preis, bei dem sich Angebot und Nachfrage treffen.

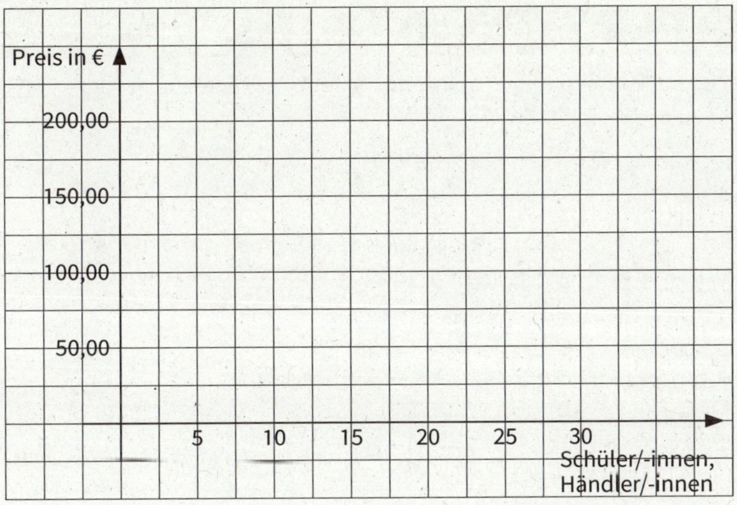

____

____

____

b) Annika Sauer und Julia Hoffmann können hieran bestimmte Gesetzmäßigkeiten eines Markts erkennen. Ergänzen Sie ausgehend von dieser Untersuchung den Lückentext zur Preisbildung auf dem Markt.

Der Markt koordiniert __________ und ___________. Das _________ besteht aus der Summe aller Güter und Dienstleistungen, hier also aus dem _________ der _________ für Smartphones. Je höher der Preis ist, desto ______ wird angeboten. Im Koordinatensystem hat die Angebotskurve also einen _________________________ _______.

Die __________ besteht aus der Summe aller gekauften Güter und Dienstleistungen, also hier der ___________ ______________________. Je _______ der Preis ist, desto weniger wird nachgefragt. Im Koordinatensystem hat die Nachfragekurve also einen ____________________________.

Wenn viele das Produkt kaufen wollen, ______ der Preis. Ist die Nachfrage ________, sinkt der Preis. Dieses Zusammenspiel von Angebot und Nachfrage wird auch als _____________________ bezeichnet. Dieses ist Kennzeichen einer _______________, die nicht wie die ____________________________ durch den Staat gesteuert wird.

ARBEITSAUFTRAG

3. Annika Sauer und Julia Hoffmann untersuchen die Preisgestaltung bei den verschiedenen Marktformen.

Entscheiden Sie, welche Aussagen richtig sind und korrigieren Sie die fehlerhaften Aussagen.

		richtig	falsch
1	Der Marktmechanismus aus dem Zusammenspiel von Angebot und Nachfrage funktioniert allenfalls beim Polypol.	☐	☐
2	Nur an der Börse, wenn alle die Preisvorstellung von Angebot und Nachfrage kennen, die gehandelten Güter identisch sind und die Börsenteilnehmer keine Vorlieben für bestimmte Vertragspartner haben, ist das freie Spiel der Kräfte wie im Modell zu beobachten.	☐	☐
3	Die Übereinstimmung von Angebot und Nachfrage zu einem bestimmten Preis tritt automatisch ein.	☐	☐

		richtig	falsch
4	Die Nachfrageseite ist beim Angebotsmonopol für die Preisbildung nicht von Bedeutung.	☐	☐
5	Beim Angebotsmonopol entscheidet der Anbieter weitestgehend allein über den Preis.	☐	☐
6	Beim Angebotsoligopol besteht die Möglichkeit, den Preis durch die Anbieter festzulegen, wenn diese sich friedlich untereinander verhalten und nicht in Preiskampf gehen.	☐	☐
7	Wenn die Angebotsoligopolisten in Preiskampf gehen und sich gegenseitig über- oder unterbieten, entspricht die Situation der im Monopol.	☐	☐

ARBEITSAUFTRAG

4. Der Wettbewerb ist beim Polypol das zentrale Element, während er beim Monopol nahezu vollständig fehlt.

   Begründen Sie in der Übersicht, weshalb die Funktionen des Wettbewerbs beim Monopol fehlen und weshalb z. B. bei der Herstellung eines neuen Medikaments das Pharmaunternehmen rechtlich für eine gewisse Zeit eine Monopolstellung durch ein Patent erhält.

Funktionen	Beim Monopol
Zusammenwirken von Angebot und Nachfrage	
Forschung und Entwicklung	
effizienter Einsatz der Produktionsfunktionen	

ARBEITSAUFTRAG

5. Die Rechtsanwaltskanzlei Dr. Neumann & Huber möchte verstärkt Beratung für heiratswillige Paare inklusive Gestaltung von Eheverträgen anbieten. Abgerechnet werden soll über Vergütungsvereinbarungen. Annika Sauer und Julia Hoffmann werden von Rechtsanwältin Katharina Schuh damit beauftragt, sich Werbemaßnahmen zu überlegen.

Ergänzen Sie die Checkliste für ein Marketingkonzept.

- ☑ ______________
  - ______
  - ☑ Umfrage unter Familienrechtsmandantschaften nach dem Interesse für Eheverträge
  - __________
  - ☑ Welche Kanzleien im Familiengerichtsbezirk bieten das Aufsetzen von Eheverträgen an?
  - ______
  - ☑ Fehlt es in der näheren Umgebung an Angeboten für das Aufsetzen von Eheverträgen?
- ☑ ________________
  - __________
  - ☑ In spätestens einem Jahr sollen mithilfe der anwaltlichen Beratung und Gestaltung monatlich mindestens zwei Eheverträge geschlossen werden.
  - ________________
  - ☑ notarielle Beurkundung bei Notarin Katharina Marschner
  - ____________________
  - ☑ Vorträge an der örtlichen Volkshochschule zum Thema Eheverträge
- ☑ __________________
  - __________
  - ☑ Werbung durch Rechtsanwältin Katharina Schuh mit dem Interessenschwerpunkt Gestaltung von Eheverträgen
  - ______________________
  - ☑ variable Vergütungsvereinbarungen je nach Umfang des Ehevertrags
  - __________________
  - ☑ Gestaltung der Homepage und Eintrag in Service-Datei

4 Die staatliche Wirtschaftspolitik

LERNSITUATION

Julia Hoffmann liest in der Zeitung, dass ein schwaches Wirtschaftswachstum und somit eine hohe Arbeitslosigkeit befürchtet werden. Im Bundestag werden daher verschiedene Maßnahmen diskutiert. So soll über eine Abwrackprämie der Autokauf gesteigert und durch verstärkten Straßenbau die staatliche Nachfrage erhöht werden. Die Vertreter dieser Ansicht erhoffen sich durch eine Steigerung der Nachfrage die Wirtschaft anzukurbeln. Dem wird jedoch heftig widersprochen. Zum einen würden dadurch nur einzelne Interessengruppen gefördert, zum anderen sind auch die Folgewirkungen dieser Maßnahmen kaum absehbar. Die Abwrackprämie könnte auch anders genutzt werden und es müsste auch nicht unbedingt zu einer Nachfrage nach Arbeitskräften kommen. Außerdem wird befürchtet, dass durch die gesteigerte Nachfrage dann auch die Preise steigen und es zu einer Inflation kommt.

Julia Hoffmann fürchtet auch, dass sie sich bei gestiegenen Lebenshaltungskosten von ihrem Ausbildungsgehalt nicht mehr so viel leisten könne. Andererseits ist es ihr natürlich auch wichtig, dass es der Wirtschaft gut geht.

So wäre auch ihr Arbeitsplatz nicht in Gefahr, denn die Mandantschaften könnten sich einen Anwalt eher leisten, wenn sie nicht arbeitslos sind.

Als sie im Unterricht zum Thema Wirtschaftspolitik kommen, versteht sie, warum es „magisches" Viereck heißt. Die Ziele, Arbeitslosigkeit zu bekämpfen, die Wirtschaft anzukurbeln, aber auch eine Preissteigerung zu verhindern, lassen sich wohl nicht immer ganz so einfach verwirklichen.

Sie überlegt daher erst einmal, welche Ziele eine Wirtschaftspolitik verfolgt, wie die Zielerreichung gemessen werden kann und welche Instrumente der Wirtschaftspolitik zur Verfügung stehen.

▶ Die Informationen zu dieser Lernsituation erhalten Sie aus Lernfeld 7, Kapitel 4 des Lehrbuchs.

ARBEITSAUFTRAG

1. a) Definieren Sie zunächst die vier Ziele nach dem Stabilitätsgesetz und geben Sie die jeweilige Kennziffer an, mit welcher gemessen wird, ob das Ziel auch erreicht wurde. Ergänzen Sie die Übersicht.

Das magische Viereck
§ 1 Stabilitätsgesetz

____

Definition: Es werden mehr ________ und ________________ bereitgestellt.

Kennziffer: reales ____________________ = Veränderungen der __________________ gegenüber dem Vorjahr in ________ (preisbereinigt)

____

Definition: Die Summe aller ________ ist gleich hoch wie die Summe aller ________.

Kennziffer: ______________ = Gegenüberstellung von ________, insbesondere ________, und ________, insbesondere __________ Güter.

____

Definition: Nur ein ________ Prozentsatz der ____________ hat keinen ____________

Kennziffer: ________________ von 3–5 %

Berechnung: Arbeitslose / (________________ ______________ + ___________) · 100 = %

____

Definition: Die _________ ist in _____ aufeinanderfolgenden Jahren gleichgeblieben.

Kennziffer: _____________ (Preisanstieg in ___) ist nicht höher als _____ . Grundlage ist ein __________.

b) Begründen Sie anhand der Befürchtungen von Julia Hoffmann, weshalb es sich um ein „magisches" Viereck handelt.

____

____

____

____

____

c) Mittlerweile wird auch der Umweltschutz als wirtschaftspolitisches Ziel benannt. Überlegen Sie, weshalb dieses Ziel für die Wirtschaft wichtig ist.

____

____

____

____

ARBEITSAUFTRAG

2. Eine nachfrageorientierte Wirtschaftspolitik verfolgt die wirtschaftspolitischen Ziele durch Steuerung der Nachfrage. Ergänzen Sie die Wirkungskette einer wirtschaftspolitischen Maßnahme.

Zielsetzung: Bekämpfung von Massenarbeitslosigkeit
Maßnahme: Zuschuss zu Gehaltszahlungen

↓

Arbeitsmarkt: Unternehmen stellen mehr ____________ ein, da sie diesen ____________ ____________.

↓

Einkommen: Den ____________ steht mehr ____________ als während der ____________ ______ zur Verfügung.

↓

Verwendung des Einkommens: Die ____________ können mit dem ____________ mehr ____________.

↓

Nachfrage nach Gütern: Die Nachfrage nach Gütern ______.

↓

Angebot von Gütern: Die ____________ bieten bei ____________________ mehr an.

↓

Wirtschaftswachstum: Dadurch ____________________.

↓

Arbeitsmarkt: ____

ARBEITSAUFTRAG

3. Erläutern Sie, wie die angebotsorientierte Wirtschaftspolitik nach Adam Smith agiert und weshalb diese Ansicht vertreten wird.

ARBEITSAUFTRAG

4. Lösen Sie das Kreuzworträtsel zu Akteuren und Handlungsgebieten der Wirtschaftspolitik.

   1. Arbeitgeber und Arbeitnehmer sind …
   2. Arbeitnehmer werden vertreten durch …
   3. … ist ein berufsständischer Verband.
   4. … ist eine staatliche Institution.
   5. Der Bund der Steuerzahler ist ein …
   6. Das Gesetz gegen Wettbewerbsbeschränkungen ist eine Maßnahme der …
   7. Durch die Konjunkturpolitik soll erreicht … werden.
   8. Ein weiteres Handlungsgebiet ist die …
   9. Der Staat trifft die wirtschaftspolitischen …
   10. Weitere Akteure können den Inhalt der Wirtschaftspolitik …

Lösungswort: Maßnahmen staatlicher Institutionen zur Beeinflussung der Wirtschaft

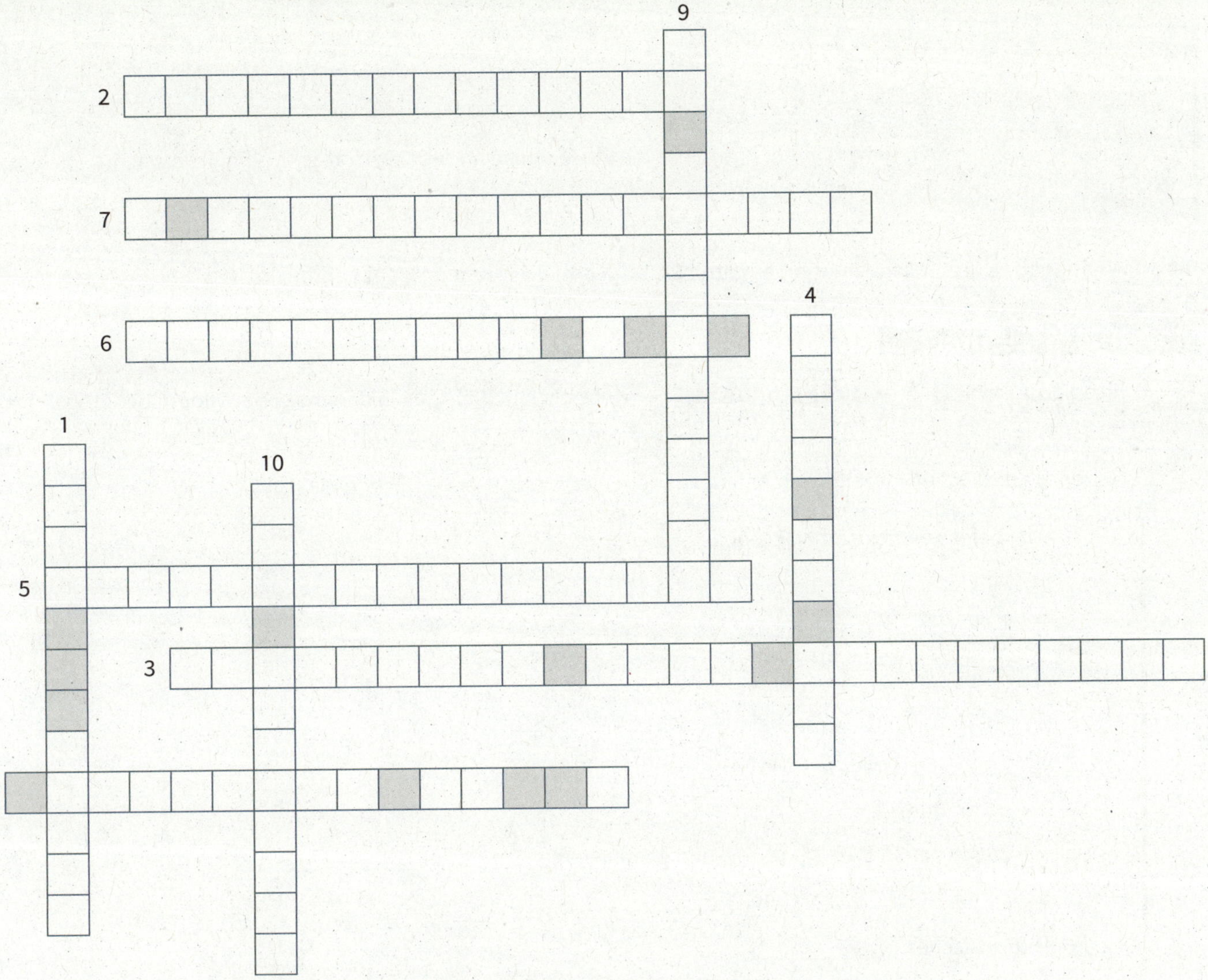

Lösungswort: _ _ _ _ _ _ _ _ _ _ _ _ _ _ _ _ _ _

5 Die Währungs- und Geldpolitik der Eurozone

LERNSITUATION

Julia Hoffmann unterhält sich mit Annika Sauer über ihre letzten Urlaubsreisen. Annika Sauer hat für zwei Wochen eine Rundreise unternommen. Von Deutschland aus besuchte sie Belgien, Frankreich, Spanien und Italien. Über Österreich ging es zurück nach Deutschland. Annika Sauer fand es dabei sehr angenehm, dass sie sich nicht um den Umtausch in fremde Währungen kümmern musste, sondern überall in Euro zahlen konnte. Julia Hoffmann war dagegen eine Woche in London. Sie musste sich um den Umtausch kümmern.

Die beiden Auszubildenden überlegen, wie es überhaupt zur einheitlichen Währung in der EU gekommen ist.

Nach dem Urlaub muss Julia Hoffmann wieder ein wenig sparen. Sie ärgert sich darüber, dass sie kaum Sparzinsen erhält. Da ihre Bank mittlerweile Kontoführungsgebühren erhebt, nehmen ihre Spareinlagen eher ab. Im Unterricht erfährt sie, dass die Europäische Zentralbank ihre Zinspolitik der wirtschaftlichen Lage anpasst. Zur Ankurbelung des Konsums und der Wirtschaft wird der Leitzins reduziert. Für Preisstabilität und Bekämpfung von Inflation erfolgt eher eine Erhöhung der Leitzinsen. Auch der

Basiszinssatz, den sie z. B. für die Ermittlung der Verzugszinsen heranzieht, wird durch die Zinspolitik der Europäischen Zentralbank beeinflusst.

Julia Hoffmann informiert sich nunmehr näher, wie die Zinspolitik der Europäischen Zentralbank dazu führt, dass sie auf ihr Erspartes keine oder nur geringfügige Zinsen erhält.

▶ Die Informationen zu dieser Lernsituation erhalten Sie aus Lernfeld 7, Kapitel 5 des Lehrbuchs.

ARBEITSAUFTRAG

1. Annika Sauer recherchiert, welche Schritte zu einer einheitlichen Währung in den meisten Ländern der EU geführt haben.

   Ergänzen Sie die Lücken im zeitlichen Ablauf auf dem Weg zu einer einheitlichen Währung.

______ Idee eines gemeinsamen Europas

von ________________

Ziele: ________ und ___________

1951 Gründung der _____________ = EGKS

Ziel: _________ Handel mit ______ und _____

______ _________ Verträge

= Gründung von ______ und __________

Ziele: gemeinsamer ______ und gemeinsame ______ für ______________ ,

freier _______ und _________________________

_____ Europäisches ________________ auf ___________ Basis

Ziel: _____________ stabil halten

_____ ______________ als Bezugswährung

Ziel: ___________ der Mitgliedsstaaten so gestalten, dass sich der ____________ zur

_______________ nicht verändert

Problem des ___________ Währungssystems:

abweichende ___________________ Interessen der Mitgliedsstaaten

_____ ____________ Vertrag

= Gründung der ____

Ziele: Bildung eines europäischen _____________

gemeinsame ______- und ________________

Zusammenarbeit in den Bereichen _______ und _______

Voraussetzungen für eine ____________________ schaffen

___________ _____ als offizielle _________ in ____ Ländern eingeführt

ARBEITSAUFTRAG

2. Begründen Sie, weshalb eine einheitliche Währung nicht nur für das private Reisen, sondern auch für den Handel Vorteile bringt.

____

____

____

____

____

ARBEITSAUFTRAG

3. Julia Hoffmann erfährt, dass die Europäische Zentralbank (EZB) unabhängig von den Mitgliedsstaaten Geldpolitik betreibt. Sie beschäftigt sich zunächst mit der Struktur der EZB.

Benennen Sie in der Übersicht Sitz, Organe und vier Aufgaben der EZB.

Sitz der EZB	
Organe der EZB	
vier Aufgaben der EZB	

ARBEITSAUFTRAG

4. Julia Hoffmann recherchiert, dass die Hauptzielsetzung der EZB die Preisniveaustabilität ist. Hierzu stehen der EZB verschiedene Instrumente zur Verfügung.

Entscheiden Sie, welche Aussagen zu den Instrumenten der EZB richtig sind, und korrigieren Sie die fehlerhaften Aussagen.

		richtig	falsch
1	Durch die Offenmarktpolitik wird die Geldmenge in den einzelnen Mitgliedstaaten beeinflusst.	☐	☐
2	Wenn die EZB Wertpapiere von den Geschäftsbanken ankauft, erhöht sich die Geldmenge in den Mitgliedstaaten. Umgekehrt reduziert sich die Geldmenge, wenn die EZB Wertpapiere an die Geschäftsbanken verkauft.	☐	☐
3	Bei einer hohen Geldmenge steigt der Zinssatz.	☐	☐
4	Die Geschäftsbanken der Eurozone sind verpflichtet, bestimmte Beträge als Mindestreserve bei der EZB zu hinterlegen.	☐	☐
5	Je höher die Mindestreserve ist, desto weniger Geld steht der Bank für die Vergabe von Krediten zur Verfügung.	☐	☐
6	Der Leitzins legt fest, zu welchem Zins sich die Geschäftsbank eines Mitgliedstaats Gelder von ihrer Nationalbank leihen kann.	☐	☐
7	In den letzten Monaten ist der Leitzins ständig gesunken.	☐	☐

____

____

____

____

ARBEITSAUFTRAG

5. Julia Hoffmann möchte nun nachvollziehen, welche Zusammenhänge zwischen der Geldpolitik der EZB und ihren Sparzinsen bestehen.

   Ergänzen Sie die Wirkungskette.

Maßnahme: Senkung des Leitzinses

↓

Geschäftsbanken: Die Geschäftsbanken können sich von den ______________ zu einem __________ Zins Geld _______.

↓

Geldmenge und Zins im Mitgliedstaat: Die Geldmenge ______. Der Zins im Mitgliedstaat ______.

Unternehmen	**Haushalte**
Die Unternehmen können ________ zu einem niedrigen ______ erhalten und können daher in ihr Unternehmen ____________.	Die Haushalte erhalten auf ihre ___________ einen niedrigen ______ und werden daher weniger ______.
Die Unternehmen können ihre ___________ ausweiten und daher _______ anbieten.	Die Haushalte können ________ zu einem niedrigen _____ erhalten und können daher mehr ___________.

Auswirkung auf Wirtschaft und Arbeitsmarkt: ______________________

Lernfeld 8

Sachenrechtliche Regelungen bei der Auftragsbearbeitung anwenden

1 Das Sachenrecht im BGB

LERNSITUATION

Rudi Krämer ist Landwirt. Zur Familie gehören seine Ehefrau Linda Krämer und die Tochter Janina Krämer. Bei ihnen im Haus lebt noch die Mutter von Rudi Krämer, Irene Krämer. Diese besitzt ein lebenslanges Nießbrauchsrecht an der Wohnung im Erdgeschoss des gemeinsamen Anwesens.

Rudi Krämer plant die Erweiterung des Schweinestalls. Hierfür benötigt er einen Kredit. Die Bank gewährt ihm diesen Kredit, sichert sich jedoch mit einer Grundschuld ab. Der Stall wird dadurch wie geplant erweitert.

Am 08.10.2023 erfährt Rudi Krämer, dass sein Nachbar zwei Ackerflächen zur Pacht anbietet. Er pachtet die beiden Äcker ab 01.01.2024. Da der Traktor des Nachbarn defekt und in der Werkstatt ist, leiht Rudi Krämer dem Nachbarn auf dessen Nachfrage hin seinen Traktor für zwei Wochen.

Es vergehen ein paar Wochen. In der Vorweihnachtszeit sitzt die Familie Krämer abends gemütlich im Wohnzimmer zusammen. Dabei erzählt die 16-jährige Janina Krämer, dass ihre Freundin seit gestern einen kleinen Mischlingshund hat und dass dieser so süß sei. Weiter berichtet sie, dass die Oma ihrer Freundin erzählt hat, dass sie einen Acker, der direkt neben einem Acker von Rudi Krämer liegt, nun doch verkaufen möchte. Rudi Krämer freut sich, denn er hat sich vor vier Jahren das dingliche Vorkaufsrecht an dieser Ackerfläche gesichert. Dieses ist im Grundbuch eingetragen. Als er jedoch erfährt, dass bereits ein Käufer gefunden wurde und der Beurkundungstermin schon in zwei Wochen stattfinden soll, wird er hellhörig.

Am nächsten Tag erkundigt er sich telefonisch bei Rechtsanwältin Dr. Annette Neumann, die ihn vor einigen Jahren in einer zivilrechtlichen Angelegenheit anwaltlich vertreten hat, hinsichtlich seiner Rechte bzgl. des Vorkaufsrechts.

▶ Die Informationen zu dieser Lernsituation erhalten Sie aus Lernfeld 8, Kapitel 1 des Lehrbuchs.

ARBEITSAUFTRAG

1. Recherchieren Sie zum Thema Besitz und Eigentum. Was bedeutet Besitz und was Eigentum? Nennen Sie jeweils ein Beispiel.

___

___

___

___

___

ARBEITSAUFTRAG

2. Neben Besitz und Eigentum gibt es ein weiteres Sachenrecht. Nennen Sie dieses.

____

____

ARBEITSAUFTRAG

3. Vervollständigen Sie die Übersicht zum Thema Sachenrecht.

Sachenrechte		
______	Eigentum	beschränkt dingliche Rechte
• unmittelbarer Besitz • mittelbarer Besitz • ______	• ______ • Miteigentum nach Bruchteilen • ______	• ______ z. B. Nießbrauch • ______ Reallasten, Grundpfandrechte, Pfandrecht an beweglichen Sachen • ______ z. B. dingliches Vorkaufsrecht

ARBEITSAUFTRAG

4. Welche Sachenrechte stehen Irene und Rudi Krämer in den in der Lernsituation genannten Beispielen jeweils zu?

Beispiel	Besitz	Eigentum	beschränkt dingliche Rechte
Irene Kremer steht ein Nießbrauch an der Wohnung im Erdgeschoss zu.	☐	☐	☐
Rudi Krämer erweitert den Schweinestall, eine Grundschuld wird zur Sicherung eingetragen.	☐	☐	☐
Rudi Krämer pachtet zwei Äcker.	☐	☐	☐
Rudi Krämer verleiht seinen Traktor an den Nachbarn.	☐	☐	☐
Rudi Krämer steht ein Vorkaufsrecht bzgl. des Ackers zu.	☐	☐	☐

ARBEITSAUFTRAG

5. Erklären Sie, ob es sich bei dem kleinen Mischlingshund rechtlich um eine Sache handelt und welche Vorschriften für Tiere gelten.

____

____

____

ARBEITSAUFTRAG

6. Welchen Vorteil bietet dem Berechtigten, in dem Fall Rudi Krämer, ein im Grundbuch eingetragenes dingliches Vorkaufsrecht?

ARBEITSAUFTRAG

7. Was wird Rechtsanwältin Dr. Annette Neumann Rudi Krämer im vorliegenden Fall raten?

2 Die Bedeutung der Sachenrechte für die Kreditsicherung

LERNSITUATION

Serena Ludwig lässt sich von der beauftragten Rechtsanwältin Dr. Annette Neumann hinsichtlich der Absicherung von Forderungen beraten.

Hintergrund ist, dass Serena Ludwig vor Kurzem die kleinere Schreinerei ihrer Tante in Neuwied übernommen hat. Sie plant nunmehr, eine Modernisierung sowie auch eine Erweiterung der Schreinerei vorzunehmen. So möchte Serena Ludwig u. a. das Nachbargrundstück erwerben, um dort ein größeres Lagerhaus zu errichten. Außerdem benötigt sie eine neue Fräsmaschine.

Hierfür benötigt sie finanzielle Mittel, ist sich jedoch unschlüssig, welche Sicherheiten sie der Bank sinnvollerweise anbieten sollte. Ihr Bruder Bernd Ludwig hat sich als Bürge angeboten, darauf möchte Serena Ludwig jedoch nicht zurückgreifen, sondern erkundigt sich, welche Sicherheiten ansonsten in Betracht kämen.

Serena Ludwig möchte sich auch absichern, dass Zahlungen ihrer Kundschaft erfolgen. Ihre Tante hatte in den AGB einen Eigentumsvorbehalt niedergelegt. Serena Ludwig erkundigt sich bei Rechtsanwältin Dr. Annette Neumann, wie es sich mit einer offenen Forderung gegenüber der Flexenius KG verhält. Der Flexenius KG wurden die Büroräumlichkeiten mit hochwertigem Büromobiliar gestaltet. Hieraus ist noch die Gesamtkaufpreisforderung über 4 300,00 € offen. Die Flexenius KG hat nunmehr aber Insolvenz angemeldet.

Rechtsanwältin Dr. Annette Neumann weist darauf hin, dass der bislang vereinbarte einfache Eigentumsvorbehalt bei einem Schreinereibetrieb oftmals wenig sinnvoll ist. Sie wird daraufhin von Serena Ludwig auch damit beauftragt, die AGB zu überarbeiten.

Annika Sauer legt die Akte an und macht sich ihre eigenen Gedanken zu den aufgeworfenen Fragen.

▶ Die Informationen zu dieser Lernsituation erhalten Sie aus Lernfeld 8, Kapitel 2 des Lehrbuchs.

ARBEITSAUFTRAG

1. Begründen Sie, um welche Art von Sicherheit es sich bei der Bürgschaft des Bernd Ludwig handelt. Erläutern Sie in diesem Zusammenhang den Begriff akzessorisch.

____

____

____

____

____

____

ARBEITSAUFTRAG

2. Vervollständigen Sie die Übersicht zu den Realsicherheiten.

Realsicherheiten		
	bewegliche Sachen	unbewegliche Sachen
abhängig von der zugrundeliegenden Forderung = ____________	• ____________ gesetzlich z. B. – § 647 BGB ____________ – § 562 BGB ____________	• ____________ Arten: – § 1117 BGB ____________ – § 1116 Abs. 2 BGB ____________
unabhängig von der zugrundeliegenden Forderung	• ____________ • ____________ (teilweise auch als akzessorisch angesehen) Arten: – einfacher – ____________ – erweiterter	• ____________

ARBEITSAUFTRAG

3. Erläutern Sie den einfachen Eigentumsvorbehalt und wie es sich mit der offenen Forderung in Sachen Flexenius KG verhält.

____

____

____

____

____

____

ARBEITSAUFTRAG

4. Ergänzen Sie den Lückentext zu den Arten des Eigentumsvorbehalts.

Sofern Serena Ludwig z. B. Holz zur Weiterverarbeitung verkauft, ist ein __________ Eigentumsvorbehalt wenig sinnvoll. Sobald der Käufer das Holz weiterverarbeitet, erwirbt er gem. § 950 BGB das __________ am verarbeiteten Holz. Hier sollte ein ______________________________ vereinbart werden. Hierbei handelt es sich um eine Form des ____________ Eigentumsvorbehalts. Serena Ludwig bleibt dann bis zur vollständigen Kaufpreiszahlung aus diesem Kaufvertrag (Mit-)Eigentümerin an den aus dem verkauften Holz hergestellten Erzeugnissen. Im Unterschied dazu geht beim ___________ Eigentumsvorbehalt das Eigentum erst auf den Käufer über, wenn ____ – nicht nur die aus einem bestimmten Kaufvertrag – __________________ des Verkäufers beglichen sind.

ARBEITSAUFTRAG

5. Hinsichtlich der Fräsmaschine überlegt sich Serena Ludwig, ob sie diese Maschine der kreditgebenden Bank als Pfand anbieten oder Sicherungsübereignung vereinbaren soll. Wozu wird ihr Rechtsanwältin Dr. Annette Neumann raten?

ARBEITSAUFTRAG

6. Erklären Sie, welche Sicherungsrechte für den Kredit zum Erwerb des Grundstücks in Betracht kommen und wodurch sich diese unterscheiden.

ARBEITSAUFTRAG

7. Geben Sie eine Übersicht zur Entstehung und zu den Vorteilen der einzelnen Realsicherheiten.

Sicherheiten	Entstehung	Vorteil
Eigentumsvorbehalt		
Sicherungsübereignung		
vertragliches Pfandrecht		
gesetzliches Pfandrecht		
Hypothek		
Grundschuld		

ARBEITSAUFTRAG

8. Begründen Sie kurz, zu welchen Sicherheiten Serena Ludwig in den genannten Fällen zu raten ist.

Absicherung des Kredits für den Erwerb des Nachbargrundstücks:

Absicherung des Kredits für den Erwerb der Fräsmaschine:

Absicherung eigener Forderungen gegenüber der Kundschaft:

3 Führen des erforderlichen Schriftverkehrs

LERNSITUATION

Anton Schwaigerl, Glockenstraße 55, 67435 Neustadt an der Weinstraße, hat in seinem Garten, der direkt neben dem öffentlich zugänglichen Stadtpark liegt, mehrere Obstbäume.

Im Juni 2024 hat Anton Schwaigerl mehrfach beobachtet, wie seine Nachbarin Pauline Weiser, Glockenstraße 57 a, 67435 Neustadt an der Weinstraße, jeden Tag das Obst, das von seinen Bäumen fällt, im Stadtpark aufliest und mitnimmt.

Anton Schwaigerl möchte, dass Pauline Weiser dies zukünftig unterlässt, da ihm diese Früchte gehören. Er beauftragt deshalb Rechtsanwältin Katharina Schuh.

Nach der Besprechung am 28.06.2024 übergibt Rechtsanwältin Katharina Schuh neben den Unterlagen auch eine handschriftliche Notiz an Julia Hoffmann:

- *Schreiben an Pauline Weiser per Einschreiben Rückschein*
- *Vertretungsanzeige*
- *Vollmacht beilegen*
- *Schilderung Sachverhalt*
- *Aufforderung, das Aufsammeln der Früchte zu unterlassen mit Begründung*
- *Aufforderung, bis zum 15.07.2024 schriftlich zu erklären, dass das Auflesen der Früchte zukünftig unterlassen wird*
- *Androhung der umgehenden Klageeinreichung bei fruchtlosem Verstreichen der Frist mit Hinweis auf Folgen für Pauline Weiser*

▶ Die Informationen zu dieser Lernsituation erhalten Sie aus Lernfeld 8, Kapitel 1 sowie aus Lernfeld 3, Kapitel 5 des Lehrbuchs.

ARBEITSAUFTRAG

1. Das Anschriftfeld des Schreibens an Pauline Weiser enthält fünf Fehler. Kennzeichnen Sie diese. Legen Sie dabei die gültigen Regeln der DIN 5008 zugrunde.

5	
4	
3	
2	
1	**Einschreiben Rückschein**
1	RAe Dr. Neumann & Huber, Grainstr. 101, 67434 Neustadt a. d. Wstr.
2	Frau Pauline Weiser
3	Glockenstraße 57a
4	67 43 5 Neustadt a. d. Wstr.
5	
6	

(nicht maßstabsgetreu)

ARBEITSAUFTRAG

2. Schreiben Sie nun das Anschriftfeld korrekt. Beachten Sie dabei die gültigen Regeln der DIN 5008.

5 4 3 2 1
1 2 3 4 5 6

(nicht maßstabsgetreu)

ARBEITSAUFTRAG

3. Kreuzen Sie an, welche Aussagen zum Betreff richtig oder falsch sind.

Aussage	richtig	falsch
Der Betreff folgt dem Informationsblock mit einem Abstand von drei Leerzeilen.	☐	☐
Der Betreff wird ohne Schlusspunkt geschrieben.	☐	☐
Der Betreff wird bei längerem Text sinngemäß auf mehrere Zeilen verteilt.	☐	☐
Der Betreff muss durch Fettschrift und/oder Farbe hervorgehoben werden.	☐	☐

ARBEITSAUFTRAG

4. Formulieren Sie einen möglichen Betreff für den vorliegenden Fall.

____
____
____

ARBEITSAUFTRAG

5. Julia Hoffmann formuliert das Schreiben an Pauline Weiser. Vervollständigen Sie den Brieftext.

Sehr geehrte Frau Weiser,

____
____
____
____

Unser Mandant hat, wie Sie wissen, mehrere Obstbäume. Sein Obstgarten liegt direkt neben dem öffentlich zugänglichen Stadtpark. Nun hat Herr Schwaigerl im Juni 2024 mehrfach beobachtet, wie Sie jeden Tag das Obst, das von seinen Bäumen fällt, im Stadtpark auflesen und mitnehmen.

Wir fordern Sie weiterhin auf, uns bis zum 15.07.2024 schriftlich zu bestätigen, dass Sie es zukünftig unterlassen, die Früchte unseres Mandanten im Stadtpark aufzulesen.

ARBEITSAUFTRAG

6. Gestalten Sie den Briefschluss. Beachten Sie dabei die gültigen Regeln der DIN 5008 und kennzeichnen Sie etwaige einzuhaltende Leerzeilen mit einem X.

Lernfeld 9 (ReFa)

Aufgaben im gerichtlichen Mahnwesen selbstständig bearbeiten

1 Das gerichtliche Mahnverfahren

LERNSITUATION

Lisa Lingner, wohnhaft in 64521 Groß-Gerau, Schillerstraße 95 a, hilft ihrer Freundin Susi Seubert, wohnhaft in 55130 Mainz, Speßweg 5, aus der Patsche. Susi Seubert will ihren 30. Geburtstag richtig groß feiern. Dafür leiht Lisa Lingner ihr gerne eine mobile Cocktailbar im Wert von 1 700,00 € und einen Betrag von 500,00 € zur Beschaffung von Essen und Getränken. Vereinbart war, dass Susi Seubert die mobile Cocktailbar am 05.03.2024 gereinigt zurückgibt und den Betrag von 500,00 € am 26.03.2024 zurückzahlt.

Zwischenzeitlich sind zwei Monate vergangen. Lisa Lingner hat weder die mobile Cocktailbar zurückbekommen, noch den Betrag von 500,00 €. Sie wendet sich daher an Rechtsanwältin Katharina Marschner und bittet diese, die Forderung geltend zu machen.

Lisa Lingner erzählt Rechtsanwältin Katharina Marschner in der Besprechung am 07.06.2024, dass sie ihre Freundin Susi Seubert mehrfach an die Rückgabe und Rückzahlung erinnert hat. Susi Seubert hat das immer abgetan und meinte, dass sie alles schon wiederbekommen würde, sie solle keine Angst haben. Nun langt es Lisa Lingner jedoch. Sie will ihre mobile Cocktailbar selbst wieder nutzen und auch das Geld haben. Da sie beides bereits mehrfach bei Susi Seubert angemahnt hat, will sie die Forderung nun direkt gerichtlich geltend machen.

Nach der Besprechung übergibt Rechtsanwältin Katharina Marschner die Unterlagen an Oxana Schuhmann mit dem Hinweis, dass sie die Akte anlegen und sich überlegen solle, welche weiteren Schritte unternommen werden müssen, um den Anspruch von Lisa Lingner gerichtlich geltend zu machen.

Oxana Schuhmann legt gerade die Akte an, als Lisa Lingner anruft und mitteilt, dass die mobile Cocktailbar vor ihrer Haustür stand, als sie heimkam. Mit der Geltendmachung der Geldforderung soll auch etwas gewartet werden, da Susi Seubert eine Nachricht an die Cocktailbar geheftet hat, dass sie bis 11.06.2024 die 500,00 € bezahlt.

Da die Forderung auch am 17.06.2024 noch nicht bezahlt wurde, informiert Lisa Lingner Rechtsanwältin Katharina Marschner und bittet sie, den Geldbetrag nun gerichtlich geltend zu machen.

▶ Die Informationen zu dieser Lernsituation erhalten Sie aus Lernfeld 9 (ReFa), Kapitel 1 des Lehrbuchs.

ARBEITSAUFTRAG

1. Oxana Schuhmann hat sich Gedanken gemacht und würde die Forderung von Lisa Lingner im gerichtlichen Mahnverfahren geltend machen. Sie spricht darüber mit Jana Seidel. Vervollständigen Sie den folgenden Dialog.

Oxana Schuhmann:

____

____

Jana Seidel: Ja, ich gebe dir recht. Aber warum würdest du das ______________________ betreiben?

Oxana Schuhmann:

____

____

____

Jana Seidel: Stimmt, du hast die Zulässigkeitsvoraussetzungen zum gerichtlichen Mahnverfahren korrekt erklärt. Warum ist es noch sinnvoll, vorliegend das Mahnverfahren zu betreiben?

Oxana Schuhmann:

____

____

____

Jana Seidel: Genau, das sind die Vorteile eines Mahnverfahrens. Und in diesem Fall ist nicht unbedingt damit zu rechnen, dass Susi Seubert Widerspruch gegen den Mahnbescheid einlegt, da ______________________

____

ARBEITSAUFTRAG

2. Hätte der Anspruch auf Herausgabe der mobilen Cocktailbar ebenfalls im Mahnverfahren geltend gemacht werden können? Begründen Sie Ihre Entscheidung.

____

____

____

ARBEITSAUFTRAG

3. Welches Gericht ist sachlich und örtlich für den Antrag auf Erlass des Mahnbescheids zuständig?

____

____

ARBEITSAUFTRAG

4. Welche Aussagen zum Thema Zustellung sind richtig, welche falsch? Kreuzen Sie an.

	richtig	falsch
Der Mahnbescheid wird von Amts wegen an den Antragsgegner zugestellt.	☐	☐
Die Zustellung von Amts wegen erfolgt z. B. durch Beauftragung eines Gerichtsvollziehers.	☐	☐
Die Zustellung des Vollstreckungsbescheids kann auch im Parteibetrieb erfolgen. Diese Parteizustellung kann nicht durch den Gerichtsvollzieher erfolgen.	☐	☐
Ein Schriftstück kann auch durch Einschreiben mit Rückschein zugestellt werden.	☐	☐
Der Vollstreckungsbescheid kann auch im Ausnahmefall öffentlich zugestellt werden.	☐	☐
Mit der Zustellung eines Mahnbescheids wird die Streitsache rechtshängig.	☐	☐
Die Zustellung ist für die Berechnung von Fristen entscheidend. Bei der Berechnung der Frist ist der Ereignistag mitzurechnen.	☐	☐

ARBEITSAUFTRAG

5. **Finden Sie zu den Aufgaben den jeweils passenden ZPO-Paragrafen (ohne Absatz). Um auf das korrekte Endergebnis zu kommen, müssen Sie die ermittelten Paragrafen entweder addieren oder subtrahieren.**

Aufgabe		Paragraf
a)	In welchem Paragrafen ist geregelt, welche Angaben der Antrag auf Erlass eines Mahnbescheids enthalten muss?	
		+
b)	In welchem Paragrafen steht, dass der Mahnbescheid dem Antragsgegner, hier also Susi Seubert, von Amts wegen zugestellt wird?	
		–
c)	Die Zustellung kann an jedem Ort erfolgen, an dem Susi Seubert angetroffen wird. In welchem Paragrafen ist dies geregelt?	
		–
d)	Nach der Zustellung des Mahnbescheids hat Susi Seubert zwei Wochen Zeit, um Widerspruch einzulegen. Hiervon ist Lisa Lingner in Kenntnis zu setzen. Wo ist dies geregelt?	
		+
e)	Sofern Susi Seubert keinen Widerspruch einlegt, kann Lisa Lingner nach Ablauf der Widerspruchsfrist den Vollstreckungsbescheid beantragen. In welchem Paragrafen ist dies geregelt?	
Endergebnis		**1 210**

2 Das Europäische Mahnverfahren

LERNSITUATION

Rechtsanwalt Peter Huber erhält am 12.04.2024 von Pierre Durand, 64569 Nauheim, Theodor-Heuss-Straße 17, den Auftrag, ihn in einer grenzüberschreitenden Forderungsangelegenheit gegen Raphael Pinto, Rua da Mota 23, 8000 Faro, Portugal, zu vertreten.

Auf dem Maimarkt in Mannheim hat Pierre Durand am 24.01.2024 mit schriftlichem Kaufvertrag an Raphael Pinto ein E-Trekkingbike Balaton 4,0, schwarz-matt, zum Messepreis in Höhe von 2 850,00 € verkauft. Raphael Pinto wurde das Fahrrad nach Leistung einer Anzahlung von 1 000,00 € ausgehändigt. Für die Restzahlung wurde als Zahlungsziel der 23.02.2024 vereinbart. Ein vertraglicher Zinssatz wurde nicht bestimmt.

Pierre Durand informiert Rechtsanwalt Peter Huber, dass er selbst Raphael Pinto am 04.03.2024 und 22.03.2024 angemahnt habe. Es erfolgte hierauf jedoch keine Reaktion. Er will nun die Forderung nicht mehr außergerichtlich, sondern gerichtlich verfolgen. Es soll so schnell wie möglich ein Titel erreicht werden. Rechtsanwalt Peter Huber erläutert Pierre Durand, dass auch die Möglichkeit eines Rücktritts besteht und dann das Fahrrad herausverlangt werden könne. Pierre Durand möchte jedoch den restlichen Kaufpreis einklagen.

Nach der Besprechung übergibt Rechtsanwalt Peter Huber die Unterlagen an Julia Hoffmann mit dem Hinweis, dass sie die Akte anlegen und sich überlegen soll, welche Möglichkeiten in Betracht kommen, um den Anspruch von Pierre Durand gerichtlich geltend zu machen.

▶ Die Informationen zu dieser Lernsituation erhalten Sie aus Lernfeld 9 (ReFa), Kapitel 2 des Lehrbuchs.

ARBEITSAUFTRAG

1. Erklären Sie, welche Verfahren im vorliegenden Fall in Betracht kommen und unter welchen Bedingungen diese zulässig sind.

ARBEITSAUFTRAG

2. Julia Hoffmann informiert sich über die Unterschiede des Europäischen Mahnverfahrens zum grenzüberschreitenden deutschen Mahnverfahren. Stellen Sie die Vorteile des jeweiligen Verfahrens gegenüber.

Verfahren	Vorteile
Europäisches Mahnverfahren	
Grenzüberschreitendes deutsches Mahnverfahren	

ARBEITSAUFTRAG

3. Begründen Sie, auf welchem Weg bei Rücktritt der Anspruch auf Herausgabe des Fahrrads hätte geltend gemacht werden können.

____

____

____

____

____

ARBEITSAUFTRAG

4. Kreuzen Sie an, welche Aussagen zur Zuständigkeit im Europäischen Mahnverfahren richtig und welche falsch sind.

	richtig	falsch
Allgemeiner Gerichtsstand ist der Wohnsitz des Antragsgegners.	☐	☐
Bei Streitigkeiten aus einem Vertragsverhältnis ist auch der Mitgliedstaat am Erfüllungsort zuständig.	☐	☐
Erfüllungsort ist der Ort, an dem die Kaufpreiszahlung zu erfolgen hat.	☐	☐
Europäisches Mahngericht für Deutschland ist das Amtsgericht Berlin-Wedding.	☐	☐
Wenn der Antragsgegner Verbraucher ist, kommt der Gerichtsstand des Erfüllungsorts nicht in Betracht.	☐	☐
Grundsätzlich ist auch eine Gerichtsstandsvereinbarung möglich.	☐	☐
Im Fall Durand ./. Pinto wäre die Gerichtsstandsvereinbarung im Kaufvertrag möglich gewesen.	☐	☐

ARBEITSAUFTRAG

5. Julia Hoffmann füllt das Formular auf der Seite des Europäischen Justizportals unter https://e-justice.europa.eu/dynform_intro_form_action.do?plang=de&idTaxonomy=156 aus. Füllen Sie ebenfalls online das Formular aus und ergänzen Sie die nach dem Formular erforderlichen Angaben.

Welche Kommunikationsmittel bestehen in Portugal?	Abgabe bei ____________ Zustellung per ________ Zustellung per ___
Der Code für die Begründung der örtlichen Zuständigkeit lautet:	____________________ __________________
Begründung, dass es sich um eine grenzüberschreitende Angelegenheit handelt:	Wohnsitz des Antragstellers: __________ Wohnsitz des Antragsgegners: ________ Land des Gerichts: _______
Zahlungsmöglichkeiten für die Gerichtskosten:	________ ______ ______________ __________
Code für die Anspruchsgrundlage	_________
Umstände, die die Forderung begründen	_______________
Code für den Zeitpunkt des Vertragsabschlusses und Datum:	__ _______
Zinsen:	Code I: ______________ Code II: ______ % über dem Basiszinssatz der EZB: __ ab: ________
Beweismittel:	Art: ___________ Bezeichnung: ______
Weiteres Verfahren im Fall eines Einspruchs: Code 02 =	________________________________ ___________________________
Zuständiges Gericht in Portugal	______________________________ ________________________________

ARBEITSAUFTRAG

6. **Julia Hoffmann überlegt sich, wie das Verfahren nach dem Antrag auf Europäischen Zahlungsbefehl weitergehen kann. Hierzu stellt sie verschiedene Karteikarten zum Lernen zusammen.**

Dies prüft das zuständige Gericht nach Antragstellung.	• __________________ • ________________
So läuft das Verfahren weiter, ______________ _______________.	• Korrektur mittels ________ • _________, wenn keine Korrektur erfolgt • __________ gegen Zurückweisung
So läuft das Verfahren weiter, wenn das Gericht ____________________.	• Erlass eines Europäischen Zahlungsbefehls (in der Regel binnen ______) • ________ des Europäischen Zahlungsbefehls nebst ______________ an den ________

____ __________________.	• ________- Verfahren ist beendet • keine Reaktion – Zahlungsbefehl ist nach Ablauf der ________________________ • ________ – Fortgang je nach Bestimmung des Antragstellers, in der Regel ________________________ ________
Raphael Pinto wird der Europäischen Zahlungsbefehl am 22.05.2024 zugestellt. Er möchte sich dagegen zur Wehr setzen.	Fristablauf: ____________________ zuständiges Gericht: ____________________ ____________________ Form: mittels __________ Begründung: ______________

3 Rechtsanwaltsgebühren und Gerichtskosten im Mahnverfahren

LERNSITUATION

Marlies Meier macht gegen ihren Ex-Ehemann Dieter Meier rückständigen Unterhalt geltend. Dieser hat fünf Monate à 350,00 € trotz mehrfacher Aufforderung nicht bezahlt. Die laufenden Unterhaltszahlungen erfolgen nun hingegen pünktlich.

Marlies Meier beauftragt Rechtsanwalt Dr. Anton Barwinder mit der Geltendmachung des rückständigen Unterhalts in Höhe von 1 750,00 € im gerichtlichen Mahnverfahren.

Nach Erhalt des zugestellten Mahnbescheids wendet sich Dieter Meier an Rechtsanwältin Katharina Schuh. In einer Besprechung teilt er ihr mit, dass er keinen weiteren Streit mit seiner Ex-Ehefrau möchte, dass er aber den geforderten Betrag nicht sofort in voller Höhe zahlen kann. Einen Betrag von 1 000,00 € bis 1 200,00 € könnte er sofort bezahlen, mehr leider nicht. Rechtsanwältin Katharina Schuh sichert Dieter Meier zu, dass sie versuchen wird, mit der Gegenseite eine Einigung herbeizuführen.

Dieter Meier hat noch ein anderes Anliegen: Er bräuchte ein paar Farbkopien und fragt Rechtsanwältin Katharina Schuh, ob es möglich wäre, dass er diese von Annika Sauer anfertigen lässt, er würde es auch selbstverständlich bezahlen. Rechtsanwältin Katharina Schuh teilt ihm mit, dass dies kein Problem wäre.

Nach der Besprechung mit dem Mandanten telefoniert Rechtsanwältin Katharina Schuh mit Rechtsanwalt Dr. Anton Barwinder und erklärt ihm, dass Dieter Meier den geforderten Betrag nicht sofort in voller Höhe zahlen kann, er könne lediglich eine Sofortzahlung von 1 000,00 € anbieten.

Da Marlies Meier die Sache gerne gütlich beenden möchte, einigen sich die Parteien am Ende dahingehend, dass Dieter Meier einen Betrag von 1 200,00 € zahlt und die Sache damit erledigt ist.

▶ Die Informationen zu dieser Lernsituation erhalten Sie aus Lernfeld 9 (ReFa), Kapitel 3 des Lehrbuchs.

ARBEITSAUFTRAG

1. Annika Sauer kopiert auf Wunsch von Dieter Meier ein Sachverständigengutachten in Farbe. Am Ende zählt sie 55 Kopien. Ermitteln Sie den Betrag, den Dieter Meier für das Anfertigen der Kopien insgesamt zahlen muss.

ARBEITSAUFTRAG

2. Welche Gebühren können laut RVG theoretisch für die Vertretung des Antragsgegners im Mahnverfahren anfallen?

ARBEITSAUFTRAG

3. Ermitteln Sie mithilfe des RVG, welche Gebühren und Auslagen Rechtsanwältin Katharina Schuh ihrem Mandanten Dieter Meier in Rechnung stellen kann.

Streitwert:		
Gebührenbezeichnung	**Nr. im VV RVG**	**Betrag in €**
Zwischensumme		
Summe		

ARBEITSAUFTRAG

4. Wie hoch wären die Gebühren und Auslagen, sofern die Einigungsverhandlungen erfolglos verlaufen wären?

Streitwert:		
Gebührenbezeichnung	**Nr. im VV RVG**	**Betrag in €**

Gebührenbezeichnung	Nr. im VV RVG	Betrag in €
Zwischensumme		
Summe		

ARBEITSAUFTRAG

5. Sofern der Rechtsanwalt vor der Tätigkeit im gerichtlichen Mahnverfahren bereits tätig wurde oder im nachfolgenden streitigen Verfahren tätig wird, sind Anrechnungsvorschriften zu beachten. Vervollständigen Sie die Tabelle.

Anrechnung bei …	Erläuterung
______________	• wenn keine Vereinbarung getroffen wurde, ist die Beratungsgebühr gem. § 34 Abs. 2 RVG ______________ • im Fall von ______________ erfolgt die Anrechnung der Beratungsgebühr gem. Nr. 2501 Abs. 2 VV RVG, sofern diese bereits erstattet wurde, ebenfalls in voller Höhe auf die Verfahrensgebühr, also in Höhe von ______________
______________ ______________	• Anrechnung der ______________ gem. Nr. 2300 VV RVG zur Hälfte auf die Verfahrensgebühr, höchstens ______________ (Vorbemerkung 3 Abs. 4 VV RVG) • im Fall von ______________ erfolgt die Anrechnung der Geschäftsgebühr gem. Nr. 2503 Abs. 2 S. 1 VV RVG zur Hälfte auf die Verfahrensgebühr, also in Höhe von ______________
______________ ______________	• Verfahrensgebühren gem. Nrn. 3305 und 3307 VV RVG werden auf die ______________ im streitigen Verfahren in ______________ angerechnet • die ggf. anfallende ______________ wird gem. Nr. 3104 Abs. 4 VV RVG ebenfalls in ______________ im streitigen Verfahren angerechnet, falls sie dort erneut anfällt

ARBEITSAUFTRAG

6. Wie würde die Abrechnung von Rechtsanwältin Katharina Schuh aussehen, wenn sie Dieter Brückner bereits außergerichtlich vertreten und dann Widerspruch gegen den erlassenen Mahnbescheid eingelegt hätte?

Legen Sie der Abrechnung als Annahmen zugrunde:

- Für die außergerichtliche Vertretung liegt ein Berechtigungsschein vor.
- Die Beratungshilfegebühr hat der Mandant bereits mit der Vorlage des Berechtigungsscheins bezahlt.
- Für die Vertretung im gerichtlichen Mahnverfahren wurde der Antrag auf Prozesskostenhilfe abgelehnt, da der Mandant zwischenzeitlich mehr verdient.

Streitwert:			
Gebührenbezeichnung	Nr. im VV RVG	Betrag in €	Betrag in €

Gebührenbezeichnung	Nr. im VV RVG	Betrag in €	Betrag in €
Zwischensumme			
Summe			

4 Führen des erforderlichen Schriftverkehrs

LERNSITUATION

Rechtsanwalt Peter Huber vertritt seit dem 05.07.2024 Florian Fechtel, (wohnhaft in 76829 Landau in der Pfalz, Drachenfelsstraße 23, in einer Forderungssache. Die Forderung gegen seine Ex-Freundin Anna-Maria Preuß beläuft sich auf 150,00 €. Die Akte wird unter dem Az. 135/2024 geführt.

Julia Hoffmann beantragt einen Mahnbescheid. Nachdem Anna-Maria Preuß gar nicht reagiert hat, beantragt Julia Hoffmann noch den Vollstreckungsbescheid. Anna-Maria Preuß reagiert auch hierauf nicht.

Rechtsanwalt Peter Huber fragt daher bei Florian Fechtel an, ob nun die Zwangsvollstreckung betrieben werden soll. Am 21.10.2024 meldet sich Florian Fechtel und teilt mit, dass er derzeit noch nicht vollstrecken will. Er wollte lediglich seine Forderung gesichert sehen. Rechtsanwalt Peter Huber erteilt daher Julia Hoffmann den Auftrag:

- *Schreiben an Florian Fechtel*
- *Titel des Amtsgerichts Mayen vom 27.09.2024 (Az.: 24-0987654-0-7) schicken*
- *Hinweis auf Aufbewahrungsfrist*
- *gleichzeitig Kostenendabrechnung schicken*
- *Frist zur Zahlung zwei Wochen ab Rechnungsdatum*
- *für das entgegengebrachte Vertrauen bedanken*

Julia Hoffmann nimmt sich die Akte am 25.10.2024 vor. Sie vergibt die Rechnungsnummer 181/2024 für die zu erstellende Kostenendabrechnung.

Weiterhin checkt Julia Hoffmann bei der Abrechnung natürlich das Aktenkonto. Sie stellt fest, dass Florian Fechtel die Gerichtskosten in Höhe von 36,00 € noch nicht beglichen hat und nimmt diese mit in die Kostenrechnung auf. Sie errechnet eine Gesamtforderung von 140,96 €.

▶ Die Informationen zu dieser Lernsituation erhalten Sie aus Lernfeld 9, Kapitel 4 sowie aus Lernfeld 3, Kapitel 5 des Lehrbuchs.

ARBEITSAUFTRAG

1. Erläutern Sie die Regeln der DIN 5008, die für das Gestalten des Betreffs gelten.

ARBEITSAUFTRAG

2. Überlegen Sie sich einen möglichen Betreff für den vorliegenden Fall.

ARBEITSAUFTRAG

3. Formulieren Sie Anrede und Brieftext des Schreibens an Florian Fechtel.

ARBEITSAUFTRAG

4. Nachfolgend finden Sie die Kostenrechnung an Florian Fechtel.

Kostenendabrechnung
Rechnungsnummer: 181/2024
Florian Fechtel ./. Anna-Marie Preuß
wegen Forderung
Leistungszeitraum: 05.07.2024 – 25.10.2024

Streitwert: 150,00 € (§ 43 Abs. 1 GKG, § 4 ZPO)

1,0 Verfahrensgebühr, Nr. 3305 VV RVG	49,00 €
0,5 Verfahrensgebühr, Nr. 3308 VV RVG	24,50 €
Pauschale Post und Telekommunikation, Nr. 7002 VV RVG	14,70 €
Zwischensumme	88,20 €
19 % Umsatzsteuer, Nr. 7008 VV RVG	16,76 €
Zwischensumme	104,96 €
zzgl. verauslagte Gerichtskosten, Nr. 1100 KV GKG	36,00 €
Summe	140,96 €

Peter Huber
Rechtsanwalt

a) Prüfen Sie mithilfe des Gesetzes, welche vier Inhalte der Kostenrechnung fehlen, und benennen Sie diese.

b) Überlegen Sie, an welcher Stelle die fehlenden Inhalte in der Kostenrechnung aufgenommen werden.

	a)	b)
	Gesetzesgrundlage:	Stellen der Kostenrechnung für die fehlenden Punkte:
1.		
2.		
3.		
4.		

ARBEITSAUFTRAG

5. Vervollständigen Sie den Lückentext zum Anlagenvermerk.

Der Anlagenvermerk sollte dem ________ oder der Firmenbezeichnung mit einem ________________ von ______ Leerzeilen folgen. Falls der _______________ angegeben wird, folgt der Anlagenvermerk diesem nach einem Abstand von _______ Leerzeile. Wenn der Anlagenvermerk bei 125 mm von der ________ Blattkante begonnen wird, steht dieser mit einer Leerzeile Abstand vom Text. Die Wörter ___________ oder Anlagen dürfen durch ____________ hervorgehoben werden.

ARBEITSAUFTRAG

6. Gestalten Sie den Briefschluss inklusive Anlagenvermerk für den vorliegenden Fall. Kennzeichnen Sie die Leerzeilen mit einem X.

Lernfeld 9 (ReNo)

Dienstordnungs- und beurkundungsrechtliche Vorschriften anwenden

1 Der Notar

LERNSITUATION

Jana Seidel nimmt kurz nach der Mittagspause ein Telefonat entgegen. Der Anrufer ist Markus Schmidt. Er berichtet:

„Meine Mutter möchte ihr Testament ändern und benötigt hierzu einen Notar. Sie hat vor vielen Jahren ein notarielles Testament beurkunden lassen. In dem Testament hat sie für ihren Neffen Moritz ein Vermächtnis aufgenommen. Hiernach sollte dieser nach ihrem Tod 35 000,00 € aus dem Nachlass erhalten bevor die Erben etwas bekommen.

Sie hat sich nun aber, und das ist jetzt auch schon wieder einige Jahre her, mit Moritz endgültig überworfen. Moritz hat meine Mutter nur noch angerufen oder ist zu Besuch gekommen, wenn er etwas von ihr wollte. Sie können sich sicher vorstellen, worum es sich dabei gehandelt hat. Im Grund hat er das, was ihm als Vermächtnis zugedacht war, schon zu Lebzeiten erhalten. Es scheint ein Fass ohne Boden zu sein. Moritz kann nicht mit Geld umgehen. Meine Mutter möchte daher ihre Verfügung diesbezüglich abändern und stattdessen lieber dem Tierschutzbund einen Geldbetrag zukommen lassen, wenn sie verstorben ist.

Der Notar, der seinerzeit die Beurkundung des Testaments vorgenommen hat, ist nicht mehr im Amt, sodass ich mich nun an Ihre Kanzlei wende. Ich habe Ihre Kontaktdaten über die Homepage der Bundesnotarkammer in Erfahrung gebracht, denn ich wollte ein Büro in relativer Nähe beauftragen.

Meine Mutter ist 89 Jahre alt und lebt seit ca. drei Jahren in einem Seniorenheim. Ihre Wohnung musste sie schweren Herzens aufgeben. Sie hat dort über 40 Jahre gelebt. Zum Glück sind die Pflegekräfte in dem Seniorenheim sehr nett und meine Mutter hat auch schon Kontakt zu einigen Mitbewohnerinnen und Mitbewohnern finden können. Die Zimmer in dem Seniorenheim sind nicht möbliert, sodass die Bewohnerinnen und Bewohner eigene Möbel mitbringen dürfen. Das hilft sehr bei der Eingewöhnung.

Meine Mutter ist nicht mehr gut zu Fuß und benutzt innerhalb des Seniorenheims einen Rollator. Wenn ich sie besuche, setzt sie sich in einen Rollstuhl, denn draußen kommt sie mit dem Rollator nicht mehr zurecht. Sie muss daher zur Besprechung und auch Beurkundung der Änderung durch den Notar im Seniorenheim aufgesucht werden. Die Besprechung kann vielleicht auch telefonisch erfolgen. Meine Mutter ist körperlich sehr eingeschränkt, dafür aber im Kopf noch sehr fit. Ich hoffe, Sie können meiner Mutter und mir helfen."

▶ Die Informationen zu dieser Lernsituation erhalten Sie im Lehrbuch im Lernfeld 9 (ReNo), Kapitel 1.

ARBEITSAUFTRAG

1. Darf die Notarin die Beurkundung der Testamentsänderung ablehnen? Begründen Sie Ihre Antwort kurz.

____

____

____

ARBEITSAUFTRAG

2. Beurteilen Sie anhand der Ihnen bekannten verschiedenen Sektoren, wie die Lage des Seniorenheims in Abhängigkeit zur Lage des Büros der Notarin steht und was jeweils daraus folgt.

ARBEITSAUFTRAG

3. Ein notarielles Testament bedarf zur Wirksamkeit der notariellen Beurkundung. Welche Rechtsgeschäfte müssen zu ihrer Wirksamkeit auch notariell beurkundet werden?

ARBEITSAUFTRAG

4. Welche Siegel kann die Notarin später zum Verschließen des Testamentsumschlags benutzen?

ARBEITSAUFTRAG

5. Welche Siegel hat die Notarin überhaupt und wofür werden sie jeweils eingesetzt?

ARBEITSAUFTRAG

6. Darf die Notarin den Testamentsinhalt später mit den Mitarbeitenden des Seniorenheims besprechen, damit diese auch Bescheid wissen, wenn die Dame verstirbt? Begründen Sie Ihre Antwort kurz.

ARBEITSAUFTRAG

7. Der Notar, der das ursprüngliche Testament beurkundet hat, ist nicht mehr im Amt. Nennen Sie verschiedene Gründe, die dazu führen, dass das Amt eines Notars erlischt.

ARBEITSAUFTRAG

8. Die Bundesnotarkammer führt ein Notarverzeichnis, um es Behörden, Gerichten und Rechtssuchenden zu ermöglichen, einen Notar ausfindig zu machen. Welche Aufgaben hat die Bundesnotarkammer noch?

ARBEITSAUFTRAG

9. Der Anrufer Markus Schmidt stellt der Notarin neben dem Auftrag, die Testamentsänderung zu beurkunden, einen weiteren Auftrag in Aussicht. Er hat eine Immobilie zu veräußern, die einen guten Kaufpreis erzielen wird, und möchte wissen, ob es in Bezug auf die Notarkosten für die Beurkundung der Testamentsänderung einen Verhandlungsspielraum gibt. Beurteilen Sie die Situation.

2 Beurkundungen

LERNSITUATION

Notarin Katharina Marschner hatte Geburtstag und lädt, weil es ein runder Geburtstag war, ihre Eltern und Geschwister, ein paar Freunde sowie die Kollegen und alle Mitarbeitenden der Kanzlei zu sich nach Hause ein.

Da es keine feste Sitzordnung gibt, sitzen Jana Seidel und Oxana Schuhmann mit den Eltern von Notarin Katharina Marschner an einem Tisch.

Die Eltern von Katharina Marschner unterhalten sich sehr angeregt mit Oxana Schuhmann und Jana Seidel. Es macht ihnen Freude, sich mit jungen Leuten zu unterhalten und nach einiger Zeit kommen sie auch auf das Thema Vorsorgevollmacht.

Jana Seidel berichtet, dass sie schon vor einigen Jahren eine notarielle Vorsorgevollmacht unterzeichnet hat. Sie hat ihre Eltern als Bevollmächtigte eingesetzt, denn verheiratet ist sie noch nicht und eine Freundin kam für sie als Bevollmächtigte nicht infrage.

Jana Seidel hat eine Tante, die plötzlich für längere Zeit ins Krankenhaus musste. Ihr Onkel hatte ihr damals erklärt, dass es sehr hilfreich war, für seine Frau handeln zu können, denn diese war zeitweise nicht einmal ansprechbar. Onkel und Tante haben kurz vor dem Krankenhausaufenthalt den Entwurf eines Immobilienkaufvertrags in Auftrag gegeben und diesen konnte der Onkel für sich und die Tante wegen der notariellen Vorsorgevollmacht, die u. a. eine Generalvollmacht beinhaltete, unterzeichnen, sodass der Vertrag sofort wirksam wurde. Hätte er die Vollmacht nicht gehabt, wäre das Geschäft vielleicht nicht zustande gekommen und sie hätten dieses großartige Haus nicht beziehen können, weil ein anderer Interessent dazwischengekommen wäre.

Die Eltern der Notarin Katharina Marschner berichten, dass sie zwar schon häufiger von ihrer Tochter darauf angesprochen wurden, auch eine Vorsorgevollmacht zu unterzeichnen, aber bisher noch keine haben beurkunden lassen. Ihnen wird nach dem Bericht von Jana Seidel erst richtig klar, welche Konsequenzen es haben kann, wenn eine/-r von ihnen – zumindest zeitweise – nicht mehr für sich selbst handeln kann.

▶ Die Informationen zu dieser Lernsituation erhalten Sie aus Lernfeld 9 (ReNo), Kapitel 2 der Lehrbuchs.

ARBEITSAUFTRAG

1. Darf die Notarin die Beurkundung der Vorsorgevollmacht der eigenen Eltern vornehmen? Begründen Sie Ihre Antwort kurz unter Nennung der Gesetzesgrundlage und finden Sie vergleichbare Fallkonstellationen, auf die dieselbe Vorschrift Anwendung findet.

ARBEITSAUFTRAG

2. Um welche Urkundsform handelt es sich bei der Vorsorgevollmacht, die meist auch eine Generalvollmacht enthält, und welche Formen kennen Sie noch?

ARBEITSAUFTRAG

3. Welche Möglichkeiten hätte der Onkel von Jana Seidel noch gehabt, wenn seine Frau ihm keine Vorsorgevollmacht erteilt hätte, die es ihm erlaubt hat, den Grundstückskaufvertrag abzuschließen?

ARBEITSAUFTRAG

4. Wie könnte der Urkundeneingang des Kaufvertrags, den der Onkel von Jana Seidel für sich und seine Frau unterzeichnet hat, ausgesehen haben? Beachten Sie die hierfür geltenden Vorschriften des Beurkundungsgesetzes. Die persönlichen Daten der Beteiligten können Sie selbst bestimmen.

ARBEITSAUFTRAG

5. Welche Form der Vorsorgevollmacht musste der Onkel von Jana Seidel dem den Kaufvertrag beurkundenden Notar vorlegen und aus welchem Grund ist diese Form erforderlich?

ARBEITSAUFTRAG

6. Wie lautet der Vermerk, den der Notar auf der Vorsorgevollmacht anzubringen hat, damit der Vollmachtnehmer sich mit dieser wirksam ausweisen kann?

ARBEITSAUFTRAG

7. Welche Bedeutung hat die Ausfertigung einer Vollmacht im Rechtsverkehr?

ARBEITSAUFTRAG

8. Nach Beurkundung des Immobilienkaufvertrags haben Onkel und Tante von Jana Seidel eine beglaubigte Abschrift der Niederschrift erhalten. Wie lautet der Beglaubigungsvermerk?

3 Akten und Verzeichnisse

LERNSITUATION

Notarin Katharina Marschner erhält von dem für sie zuständigen Landgerichtspräsidenten ein Schreiben. In diesem Schreiben wird ihr die nächste Überprüfung ihrer Amtsführung durch einen Richter des Landgerichts angekündigt. Als Prüfungsdatum wird der 01.07.2024, beginnend gegen 09:00 Uhr mitgeteilt.

Notarin Katharina Marschner wird aufgefordert, die nach der Dienst- und Bundesnotarordnung zu führenden Akten und Verzeichnisse rückwirkend bis zum letzten Prüfungstermin bereitzulegen.

Ferner sollten anlässlich der Prüfung Fragen beantwortet werden:

- Sind alle im Notariat tätigen Personen, auch externes Reinigungspersonal und Softwarebetreuer, gem. § 26 BNotO, § 4 DONot förmlich verpflichtet worden?
- Gab es Amtstätigkeiten außerhalb des Amtsbereichs?
- Hält die Notarin Gesellschaftsbeteiligungen, ist sie Organmitglied einer juristischen Person des privaten oder öffentlichen Rechts oder übt sie eine Nebentätigkeit aus?

Notarin Katharina Marschner bespricht die Vorbereitung der Amtsprüfung mit Jana Seidel und Oxana Schuhmann. Diese machen Vorschläge zur Prüfungsvorbereitung. Es wird vereinbart, dass Jana Seidel eine Auflistung der notwendigen Vorbereitungsarbeiten erstellt, damit diese möglichst reibungslos in den Kanzleiablauf eingebunden werden können. Oxana Schuhmann wird Jana Seidel bei der Durchführung der Vorbereitung unterstützen.

Die Arbeiten sind bis zum 30.06.2024 abzuschließen, damit die Prüfung wie geplant erfolgen kann. Sollten Probleme auftauchen, möchte Notarin Katharina Marschner rechtzeitig informiert werden, damit alle gemeinsam überlegen und besprechen, wie diese gelöst werden können.

▶ Die Informationen zu dieser Lernsituation erhalten Sie aus Lernfeld 9 (ReNo), Kapitel 3 des Lehrbuchs.

ARBEITSAUFTRAG

1. Notieren Sie die zur Amtsprüfung vorzulegenden Akten.

ARBEITSAUFTRAG

2. Welche Dokumente werden in der Urkundensammlung verwahrt?

ARBEITSAUFTRAG

3. Was ist unter dem Begriff Nebenakte zu verstehen und was ist hierin einzuheften?

ARBEITSAUFTRAG

4. Es gibt einen Aktenordner, der als Generalakte bezeichnet wird. Was ist dort abzulegen?

ARBEITSAUFTRAG

5. Welche Verzeichnisse werden bei der Amtsprüfung eingesehen?

ARBEITSAUFTRAG

6. Beschreiben Sie, was Sie über das Verwahrungsverzeichnis wissen.

ARBEITSAUFTRAG

7. Nennen Sie konkrete Beispiele für Dokumente, die in das Urkundenverzeichnis der Notarin einzutragen sind.

ARBEITSAUFTRAG

8. Wie sieht ein Ausdruck des Urkundenverzeichnisses (Exportdatei) aus? Erstellen Sie eine Tabelle unter Auslassung der Spalten Bemerkungen, Verbindungen, Vermerke und Urkundsperson und tragen Sie zwei Urkunden, einen Kaufvertrag und ein Testament, ein. Die notwendigen Daten können Sie sich unter Beachtung der gesetzlichen Vorgaben selbst ausdenken.

ARBEITSAUFTRAG

9. Wie lange hat die Notarin ihre aktuellen Akten und Verzeichnisse aufzubewahren? Füllen Sie die folgende Tabelle aus.

Akten, Verzeichnisse	Aufbewahrungsfrist in Jahren

4 Kosten

LERNSITUATION

Notarin Katharina Marschner setzt sich regelmäßig mit Oxana Schuhmann zusammen, um über verschiedene Elemente der Ausbildung zur Rechtsanwalts- und Notarfachangestellten zu sprechen. Oxana Schuhmann ist darüber sehr froh, denn auf diese Weise lernt sie sehr viel in der Kanzlei, was auch in der Berufsschule behandelt wird. Sie hat schon häufig bemerkt, dass die Verknüpfung von Theorie und Praxis ihr Wissen sehr erweitert.

In einem dieser Gespräche geht es um Gebühren und Auslagen, die die Notarin nach dem Gerichts- und Notarkostengesetz (GNotKG) zu berechnen hat. Oxana Schuhmann hat eine Taschenbuchausgabe des GNotKG, die sie auch in der Berufsschule benutzt, und Notarin Katharina Marschner nimmt eine gebundene Ausgabe zur Hand.

Sie beginnen mit der allgemeinen Aufteilung des Kostenverzeichnisses, das die Anlage 2 zum GNotKG bildet und in verschiedene Teile, die entweder zusammengefasste Notar- und Gerichtsgebühren oder einzeln die Gebühren des Gerichts und des Notars aufführen, gegliedert ist. Innerhalb der Teile gibt es Hauptabschnitte, die zum Teil wiederum in Abschnitte unterteilt sind. Oxana Schuhmann erhält einen Überblick über die verschiedenen Bereiche und markiert sich diese mit Klebezetteln, damit sie sie später schneller auffinden kann. Besonderes Augenmerk legen Notarin Katharina Marschner und Oxana Schuhmann auf die Teile 2 und 3, die lediglich den Notar betreffen.

Sie schauen sich dann die unterschiedlichen Kapitel des GNotKG an, die wiederum in Abschnitte und Unterabschnitte gegliedert sind. Oxana Schuhmann findet schnell heraus, dass die Aufteilung des GNotKG dem RVG sehr ähnelt und sie zur Berechnung der Notargebühren lediglich die Kapitel 1 und 3 beachten muss. Sie markiert die entsprechenden Stellen auch hier mit Klebezetteln am Rand. Sie sprechen über die gesetzlich vorgegebene Tabelle B, nach der die Wertgebühren berechnet werden, und die Paragrafen, die zur Ermittlung des jeweiligen Geschäftswerts relevant sind.

▶ Die Informationen zu dieser Lernsituation erhalten Sie aus Lernfeld 9 (ReNo), Kapitel 4 des Lehrbuchs.

ARBEITSAUFTRAG

1. Nehmen Sie sich das GNotKG vor und erstellen eine übersichtliche Gliederung der Abschnitte, die Sie zur Berechnung der Notargebühren benötigen. Nutzen Sie hierzu eine Tabelle oder Grafik.

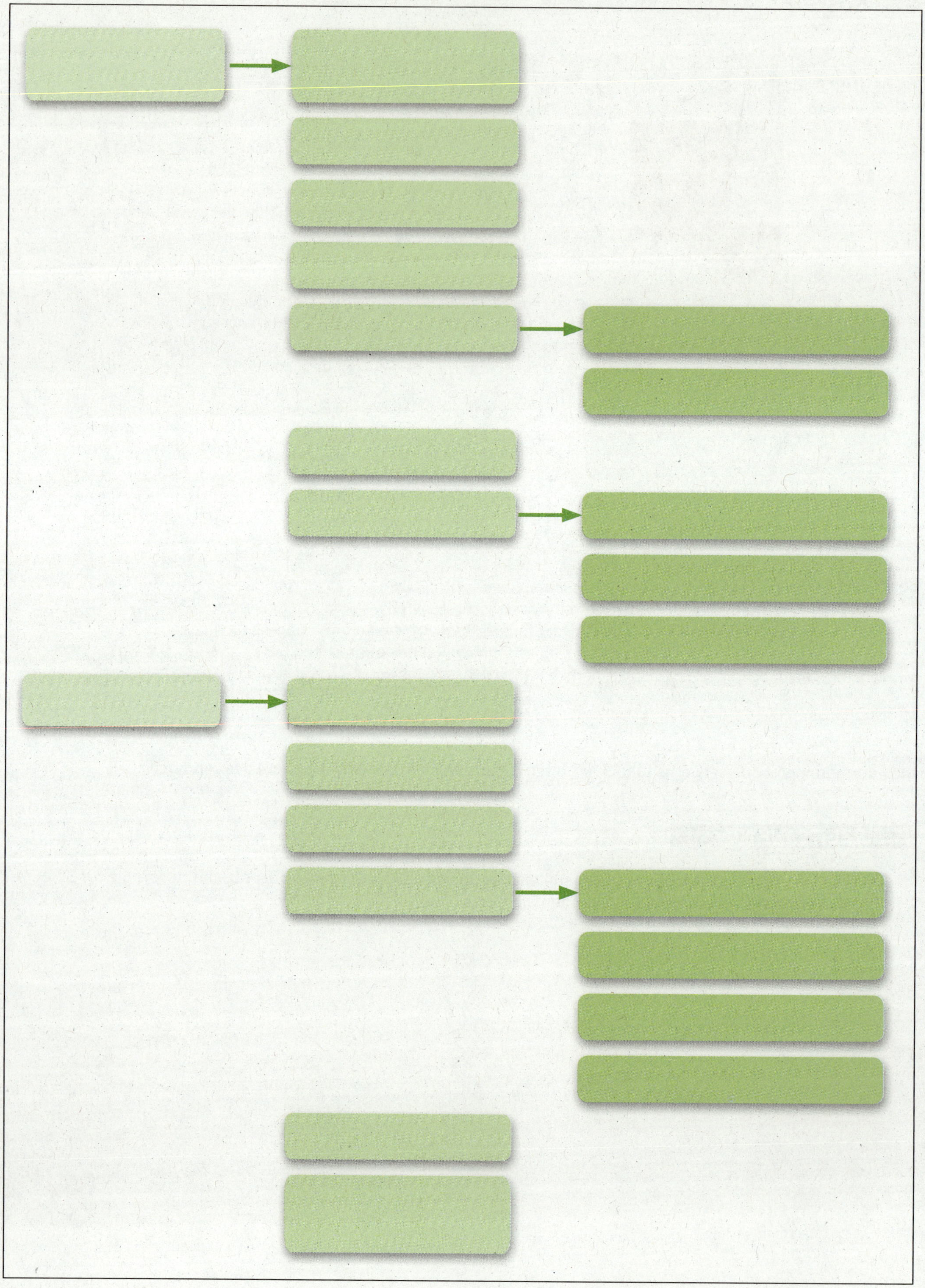

ARBEITSAUFTRAG

2. Stellen Sie fest, wer die Notarkosten schuldet, notieren Sie dies sowie jeweils ein Beispiel in der folgenden Tabelle.

Die Notarkosten schuldet, ...	Beispiele

ARBEITSAUFTRAG

3. Wann sind Gebühren und Auslagen des Notars fällig?

____

____

____

____

ARBEITSAUFTRAG

4. Finden Sie Beispiele für Auslagen, die häufig zur Anwendung kommen. Notieren Sie diese sowie die entsprechende KV-Nummer in der Tabelle. Vermerken Sie bei jeder Auslage, ob diese umsatzsteuerpflichtig ist oder nicht.

Bezeichnung der Auslage	umsatzsteuerpflichtig	KV-Nr.

ARBEITSAUFTRAG

5. Suchen Sie in Kapitel 1 des GNotKG die Paragrafen heraus, die der Geschäftswertermittlung dienen. Notieren Sie den Inhalt und finden Sie zu jedem Paragrafen ein Beispiel.

Paragraf	Wertvorschrift	Beispiel

ARBEITSAUFTRAG

6. Welche Voraussetzungen hat eine notarielle Rechnung zu erfüllen, damit sie wirksam ist? Finden Sie dies anhand des entsprechenden Paragrafen des GNotKG heraus und notieren die verschiedenen Elemente.

ARBEITSAUFTRAG

7. Wann verjähren die Gebühren und Auslagen des Notars?

Lernfeld 10

Das zivilrechtliche Mandat in erster Instanz

1 Das Zivilverfahren in der ersten Instanz

LERNSITUATION

Rechtsanwältin Katharina Schuh wird am 02.08.2024 von Viktor Tomarenko aus Neuwied beauftragt, ihn in einer Schadenersatzangelegenheit zu vertreten. Er wurde durch Sven Olafson aus Hamburg auf Zahlung von 2 300,00 € Schadenersatz und 1 800,00 € Schmerzensgeld vor dem Amtsgericht Neuwied verklagt. Die Klage, die am 25.07.2024 bei Gericht einging, wurde ihm am 27.07.2024 zugestellt. Das schriftliche Vorverfahren wurde angeordnet und eine Klageerwiderungsfrist von drei Wochen gesetzt.

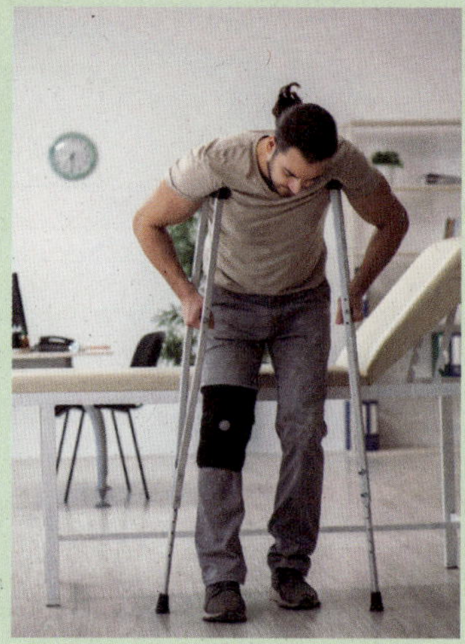

Der Kläger führt aus, dass er von Viktor Tomarenko in Berlin am 01.05.2024 grundlos einen Fausthieb ins Gesicht erhalten habe. Außerdem sei er von ihm getreten worden, als er wehrlos auf dem Boden lag. Die Behandlungskosten, Verdienstausfall und Kosten der Medikamente haben einen Betrag von 2 300,00 € ergeben. Von Krankenkasse und Arbeitgeber seien ihm diese Kosten zur Geltendmachung abgetreten worden. Für die erlittenen Schmerzen sei ein Schmerzensgeld in Höhe von 1 800,00 € angemessen.

Viktor Tomarenko informiert Rechtsanwältin Katharina Schuh, dass er Sven Olafson tatsächlich niedergeschlagen habe. Dies sei jedoch aus Notwehr erfolgt, da der angetrunkene Sven Olafson ihn und seine Freundin, Verena Kardial, zunächst verbal beleidigt und dann mit einem Messer angegriffen habe. Der Fußtritt sei nicht erfolgt. Er könne auch nicht verstehen, weshalb er nun verklagt werde, da die Strafanzeige des Sven Olafson eingestellt worden sei.

Annika Sauer legt die Akte an und erkundigt sich bei Julia Hoffmann, wie das Verfahren nun weitergehe. Eigentlich sei doch mit der Einstellung der Strafanzeige bereits alles entschieden.

▶ Die Informationen zu dieser Lernsituation erhalten Sie aus Lernfeld 10, Kapitel 1 des Lehrbuchs.

ARBEITSAUFTRAG

1. Julia Hoffmann erläutert Annika Sauer, dass das Zivilverfahren zur Verfolgung von Schadenersatzforderungen unabhängig vom Strafverfahren und vor allem durch die Parteiherrschaft geprägt sei. Ergänzen Sie, welcher Verfahrensgrundsatz des Zivilverfahrens erläutert wird und setzen Sie einen Haken, wenn dieser Verfahrensgrundsatz auch im Strafrecht gilt, oder geben Sie an, welcher Verfahrensgrundsatz andernfalls im Strafrecht zur Anwendung kommt.

Definition	Verfahrensgrundsatz im Zivilverfahren	Verfahrensgrundsatz im Strafverfahren
Grundsätzlich beruht das Urteil auf einer Verhandlung bei Gericht.		
Hier gilt: „Wo kein Kläger, da kein Richter."		
Unter anderem sorgen Fristen für eine straffe Durchführung des Verfahrens.		
Grundsätzlich dürfen z. B. Schulklassen an einer Verhandlung teilnehmen.		

Definition	Verfahrensgrundsatz im Zivilverfahren	Verfahrensgrundsatz im Strafverfahren
Auswirkungen sind die Darlegungs- und auch die Beweislast.		
Bei neuem Vorbringen muss der Gegenseite Gelegenheit zur Erwiderung gegeben werden.		
Der erkennende Richter sollte sich einen Eindruck von den Parteien und der Sache verschafft haben.		

ARBEITSAUFTRAG

2. Annika Sauer und Julia Hoffmann tragen zur Akte Tomarenko ./. Olafson die zu beachtenden Fristen im Fristenkalender ein. Begründen Sie den jeweiligen Fristablauf.

____

____

____

____

____

____

ARBEITSAUFTRAG

3. Vervollständigen Sie das Ablaufschema bis zum Haupttermin.

Einreichung der Klage beim Gericht
am ____________ - Klage ist ____________

Gericht prüft die ______________________

Zustellung der Klage an den Beklagten
am ____________ - Klage ist ____________

schriftliches Vorverfahren
- Frist zur ____________________
- Frist zur ____________________

eventuell Verfahrensbeendigung durch:

Anerkenntnisurteil	Versäumnisurteil	Prozessvergleich

Vorbereitung des ______________

____

- Frist zur ______________________
- ______________________ und ____________ Verhandlung

eventuell Verfahrensbeendigung durch:

Anerkenntnisurteil	Versäumnisurteil	Prozessvergleich

____

ARBEITSAUFTRAG

4. Am 09.08.2024 teilt Viktor Tomarenko mit, dass er zum 01.09.2024 nach Darmstadt umziehen wird. Er erkundigt sich, ob der Prozess dann vor dem Amtsgericht Darmstadt fortgesetzt werden wird. Erläutern Sie, welche Auswirkungen der Umzug des Viktor Tomarenko auf das Verfahren hat.

____

____

ARBEITSAUFTRAG

5. Das Gericht bestimmt den Haupttermin auf Donnerstag, den 26.09.2024, 10:30 Uhr, und erlässt einen Beweisbeschluss. Annika Sauer fertigt nach Diktat ein Informationsschreiben für den Mandanten an. Ergänzen Sie die Lücken.

Sehr geehrter Herr Tomarenko,

wie Sie dem beigefügten Schreiben entnehmen, hat das Gericht nun den Termin auf Donnerstag, den 26.09.2024, um 10:30 Uhr bestimmt. Das persönliche Erscheinen wurde angeordnet, sodass Sie bei dem Termin ____________________ sein müssen.

Der Termin beginnt mit dem ________ der Sache und der ___________ der Verhandlung durch den ____________. Dieser führt in den ____________________ ein und versucht eine ________________ zu erzielen. Sofern diese _________________ erfolglos verläuft, beginnt die _________ Verhandlung mit ____________________.

Durch Beweisbeschluss wurde zum Beweis die Vorlage des ärztlichen Attests im Original als _________ und die Ladung von Frau Verena Kardial als _________ angeordnet. Außerdem wurde Frau Prof. Dr. Ilka Sladic als _______________ bestimmt. Der ______________________ wurde durch den Kläger für den Beweis seiner behaupteten Tatsache, dass durch Sie ein Fußtritt erfolgt sein soll, beantragt. Von einer Einnahme eines _____________ des Tatorts hat das Gericht Abstand genommen, da es dieses für nicht _________________ hielt.

Frau Verena Kardial hat nun die Pflicht, zum Termin zu _________ sowie ___________ und _______________ ___________. Ein ________________________ ist nicht ersichtlich. Auf _________ müsste sie ihre Aussage auch _________.

Die von Ihnen angebotene eidesstattliche Versicherung, dass Sie angegriffen wurden, kann nicht berücksichtigt werden. Es gilt im Zivilprozess der _____________, also kann Beweis nur durch die in der ZPO benannten ________________ erbracht werden. Für eine __________________ nach §§ 445 ff. ZPO fehlt es aber an den gesetzlichen Voraussetzungen und die Möglichkeit der __________________ durch eidesstattliche Versicherung ist kein _____________.

Sollten Sie noch Fragen haben, können Sie sich gerne an mich wenden.

Mit freundlichen Grüßen

ARBEITSAUFTRAG

6. Zur Vorbereitung auf die nächste Klassenarbeit stellt sich Annika Sauer verschiedene Fragen zur Verfahrensbeendigung zusammen.

Beantworten Sie diese Fragen.

I. Verfahrensbeendigung durch gerichtliche Entscheidung

Welche Art der Entscheidung ergeht im Regelfall?

- nach mündlicher Verhandlung: ______________
- ohne mündliche Verhandlung: __________
- zur Leitung des Verfahrens: _______________

Wie wird nach der Wirkung der Rechtskraft entschieden?

- über die Zulässigkeit durch ________________
- über den Inhalt durch _____________

Wann ergeht ein Versäumnisurteil?

- im Parteiprozess: __________________________
- im Anwaltsprozess: ______________________________________
- im schriftlichen Vorverfahren: ____

Wann ergeht ein echtes Versäumnisurteil?

- Wenn die Klage _________ und _________ ist.

Welche Rechtsbehelfe sind gegeben?

- gegen ein echtes Versäumnisurteil: _____________
- gegen ein unechtes Versäumnisurteil: ________________________

II. Verfahrensbeendigung durch Parteihandlungen

Nach welchen Paragrafen kann ein Verfahren durch Parteihandlung beendet werden?

____________________ § ________
____________________ § ________
____________________ § ________
____________________ § ________
____________________ §§ ________________________________

2 Die Prozessvoraussetzungen im zivilrechtlichen Verfahren

LERNSITUATION

Doris Fabe, die Komplementärin der Fabe KG, einem Unternehmen für Gastro- und Küchenbedarf aus Neuwied beauftragt Rechtsanwältin Katharina Schuh mit der Geltendmachung verschiedener Forderungen. Schuldner sind sowohl Privatleute wie auch Unternehmen. Da sich in den übertragenen Fällen die Schuldnerinnen und Schuldner jeweils zur Wehr gesetzt haben, sollen die Forderungen eingeklagt werden. Verzug ist in allen Fällen bereits eingetreten.

In Sachen Fabe KG ./. Theran haben die Eltern des 5-jährigen Leon Theran aus Dortmund als dessen Vertreter eine Küche für die Eigentumswohnung in Kassel ihres Sohns zum Kaufpreis von 9 800,00 € gekauft, aber lediglich 1 500,00 € Anzahlung geleistet.

Weiterhin liegt die Angelegenheit Fabe KG ./. Kochmeile GmbH (Hamburg) vor. Die Kochmeile GmbH hat einen Herd zum Preis von 4 980,00 € erworben. Hinzu kommen aufgelaufene Verzugszinsen und Mahnkosten über insgesamt 235,00 €. Mit der Kochmeile GmbH wurde eine Gerichtsstandsvereinbarung getroffen, dass bei allen Rechtsstreitigkeiten vor den sachlich zuständigen Gerichten in Koblenz geklagt wird.

Weiterhin hat die Fabe KG auch an die Sonne OHG mit Hauptverwaltungssitz in Bonn Lagerräumlichkeiten in Neuwied verpachtet. Hieraus sind noch rückständige Pachtzinsen über 5 200,00 € offen und sollen eingeklagt werden.

Julia Hoffmann erhält die Akten zur Aktenanlage und zur Vorbereitung der Klageschriften. Sie soll insbesondere prüfen, ob alle Voraussetzungen für das gerichtliche Verfahren vorliegen, vor allem die Zuständigkeit der Gerichte ermitteln, und ggf. noch erforderliche Schritte ergreifen. Julia Hoffmann bezieht Annika Sauer in diese Arbeit mit ein. Beide verschaffen sich zunächst einmal einen Überblick über die Prozessvoraussetzungen.

▶ Die Informationen zu dieser Lernsituation erhalten Sie aus Lernfeld 10, Kapitel 2 des Lehrbuchs.

ARBEITSAUFTRAG

1. Kreuzen Sie an, welche Aussagen zu den Prozessvoraussetzungen falsch oder richtig sind und korrigieren Sie falsche Aussagen.

	richtig	falsch
1 Fehlt eine echte Prozessvoraussetzung wie der Gerichtskostenvorschuss so wird die Klage gar nicht zugestellt.	☐	☐
2 Die Einrede des Schiedsvertrags als Prozesshindernis wird nicht von Amts wegen geprüft.	☐	☐
3 Das Fehlen einer unechten Prozessvoraussetzung muss von den Parteien vorgebracht werden.	☐	☐
4 Eine anderweitige Rechtshängigkeit stellt eine Sachurteilsvoraussetzung dar.	☐	☐
5 Wurde über eine Klageforderung bereits rechtskräftig entschieden, darf sich das Gericht nicht erneut mit dieser Sache befassen.	☐	☐
6 Fehlt eine unechte Prozessvoraussetzung und wird dieser Fehler auch nicht geheilt, so ergeht ein Sachurteil.	☐	☐
7 Eine Klage über 0,10 € könnte mangels Rechtsschutzbedürfnis mittels Prozessurteil abgewiesen werden.	☐	☐

ARBEITSAUFTRAG

2. Begründen Sie mit Paragrafenangabe die örtliche und sachliche Zuständigkeit in den drei Forderungsangelegenheiten der Fabe KG.

Fabe KG ./. Theran, Leon:

sachliche Zuständigkeit: ______

örtliche Zuständigkeit: ______

Fabe KG ./. Kochmeile GmbH:

sachliche Zuständigkeit: ______

örtliche Zuständigkeit: ______

Fabe KG ./. Sonne OHG:

sachliche Zuständigkeit: ______

örtliche Zuständigkeit: ______

ARBEITSAUFTRAG

3. Annika Sauer wundert sich, dass der 5-jährige Leon Theran verklagt wird. Julia Hoffmann erklärt ihr, dass sie hier zwischen Partei-, Prozess- und Postulationsfähigkeit unterscheiden müsse. Erläutern Sie diese Begriffen anhand des Falls Fabe KG ./. Theran, Leon und vergleichen Sie diese mit denen des BGB.

Definition	Anwendung im Verfahren	im BGB
Parteifähigkeit = ______	Fabe KG: ______ Leon Theran: ______	Entspricht nach § ______ der ______

Definition	Anwendung im Verfahren	im BGB
Prozessfähigkeit = ______________ ______________________________ ____	Fabe KG: ______________________ ___________________________ ______________________________ ___________________________ Leon Theran: _________________ ___________________________ ______________________________ ________	entspricht nach §§ __________ der ________________
Postulationsfähigkeit = __________ ______________________________ ______________________________ __________________________	Verfahren Fabe KG ./. Leon Theran: ______________________________ ___________________________ ______________________________ __________________	-----

ARBEITSAUFTRAG

4. Julia Hoffmann weist Annika Sauer darauf hin, dass die Klage bestimmte Mindestinhalte aufweisen muss. In der Praxis sei es jedoch üblich, auch darüberhinausgehende Inhalte mit aufzunehmen. Bezeichnen Sie in der beigefügten Klage die Inhalte und geben Sie an, ob es sich um Mussinhalte handelt oder nicht.

[Amts- oder Landgericht (sachliche Zuständigkeit)] [Anschrift (örtliche Zuständigkeit = Gerichtsstand)]	______________________________
Klage In Sachen der	______________________________
[Frau/Herr/Unternehmen – ggf. gesetzliche Vertretung] **Kläger/-in** Prozessbevollmächtigte: [...]	
gegen [Frau/Herrn/Unternehmen – ggf. gesetzliche Vertretung] **Beklagte/-r** [ggf.: Prozessbevollmächtigte]	
wegen: [*Anspruch*] vorläufiger Streitwert:	______________________________ ______________________________
Namens und in Vollmacht des/der Kläger/-in erhebe ich Klage und **<u>werde</u>** beantragen:	
1. Der/Die Beklagte wird verurteilt, an die/den Kläger/-in [...] € nebst Zinsen in Höhe von [*5/9 Prozentpunkten über dem Basiszinssatz/Festzins*] ab dem [*Verzugsbeginn/ Rechtshängigkeit*] [eventuell sowie [...] € Nebenforderungen] zu zahlen.	______________________________
2. Der/Die Beklagte trägt die Kosten des Rechtsstreits. 3. Das Urteil ist (notfalls gegen Sicherheitsleistung) vorläufig vollstreckbar.	} ______________________________
Bei Vorliegen der gesetzlichen Voraussetzungen beantragen wir den Erlass eines Versäumnisurteils [und Anerkenntnisurteils] ohne mündliche Verhandlung.	Versäumnisurteil: ________________ Anerkenntnisurteil: ________________

[nur bei Klagen zum Landgericht:] Einer Übertragung des Rechtsstreits auf den Einzelrichter stehen keine Gründe entgegen.	
Begründung: 1. Sachverhalt 2. Rechtliche Begründung	______________________
[Unterschrift]	______________________

ARBEITSAUFTRAG

5. Annika Sauer fertigt sich für die weitere Bearbeitung der Forderungsangelegenheiten ein Prüfschema für die Zuständigkeit in Zivilsachen an. Ergänzen Sie die Lücken.

1. An welcher **Art** von Gericht der I. Instanz beginnt das Verfahren?

   = Frage nach der __________ Zuständigkeit

a) Liegt eine besondere Angelegenheit vor? — z. B. __________ — **JA** → [__________] § 23 a GVG

NEIN ↓

b) Liegt eine ausschließliche Zuständigkeit vor? — z. B. __________ — **JA** → [__________] § 23 Nr. 2 GVG

NEIN ↓

c) Wie hoch ist der Streitwert?
- bis ________ € → [__________] §§ ________
- ab ________ € → [__________] ________

2. An welchem (Gerichts-)Ort findet das Verfahren statt?

   = Frage nach der ________ Zuständigkeit / __________

a) Liegt ein __________ ______ Gerichtsstand vor? — z. B. __________ — **JA** → __________ __________ § 29 a ZPO

NEIN ↓

b) Liegt eine Gerichtsstandsvereinbarung vor? — Voraussetzungen sind zu prüfen! — **JA** → __________ __________ §§ ________

NEIN ↓

__________ Gerichtsstand
z. B. Ort der __________
________ § 32 ZPO
Erfüllungsort § ___ ZPO

oder

__________ Gerichtsstand
z. B. natürliche Personen:
________ §§ ________ ZPO
__________ Personen: Ort des
________ § ___ ZPO

____
§ 35 ZPO

3 Die Gerichtskosten

LERNSITUATION

Julia Hoffmann erhält von Rechtsanwältin Katharina Schuh die Akte Fabe KG ./. Sonne OHG wegen rückständiger Pachtzinsen zur Begleichung und Kontrolle der entstehenden Gerichtskosten.

Die Fabe KG hat an die Sonne OHG Lagerräumlichkeiten in Neuwied zu einem Pachtzins in Höhe von 2 400,00 € monatlich zzgl. 200,00 € monatliche Nebenkosten verpachtet. Zunächst werden zwei rückständige Pachtzinsen für Mai und Juni 2024 nebst Nebenkosten eingeklagt. Julia Hoffmann begleicht die Gerichtskosten bei Einreichung der Klage.

Da nach Klageeinreichung immer noch keine Pacht gezahlt wird, wird die Klage um die mittlerweile für Juli 2024 fällige Pacht erweitert. Julia Hoffmann soll auch hier die entsprechenden Gerichtskosten beachten.

Die Sonne OHG wendet sich gegen die Pachtzinsforderung und erhebt Widerklage auf Zahlung von Schadenersatz in Höhe von 3 500,00 €, da ihrer Ansicht nach eine nicht ordnungsgemäße Absicherung der Pachträume zu einem Schaden an eingelagerten Materialien geführt habe.

In der Gerichtsverhandlung am 19.08.2024 werden die von der Fabe KG benannte Zeugin Isa Schneider und die von der Sonne OHG beantragte Sachverständige Dr. Selina Malinski vernommen. Nach Abschluss der Beweisaufnahme rät das Gericht der Beklagten dringend, die Widerklage zurückzunehmen und die Klageforderung anzuerkennen. Da die Sonne OHG diesem Ratschlag folgt, ergeht ein Anerkenntnisurteil und die Klägerin wird zur Kostentragung verurteilt.

Annika Sauer kommt hinzu als Julia Hoffmann die Schlusskostenrechnung des Gerichts hinsichtlich der Gerichtskostenabrechnung kontrolliert. Sie wundert sich insbesondere, dass nicht alle verauslagten Gerichtskosten zurückerstattet werden. Julia Hoffmann erklärt ihr, dass der Kläger auch bei Gewinnen des Prozesses für die Zahlung der Kosten haftet.

▶ Die Informationen zu dieser Lernsituation erhalten Sie aus Lernfeld 10, Kapitel 3 des Lehrbuchs.

ARBEITSAUFTRAG

1. Sortieren Sie zunächst die im Verfahren entstehenden Kosten, indem Sie den Lückentext ergänzen.

_______________ sind die in einem gerichtlichen Verfahren entstehenden Kosten. Sie untergliedern sich in _______________ Kosten und _______________. Bei den _______________ Kosten werden die _______________ sowie die sonstigen _______________ unterschieden. Die _______________ umfassen die _______________ sowie die gerichtlichen _______________, z. B. Kosten für die Beweismittel. Die _______________ Kosten zählen nicht zu den Prozesskosten. Sie entstehen vor einem gerichtlichen Verfahren, z. B. die _______________ für ein anwaltliches Aufforderungsschreiben.

ARBEITSAUFTRAG

2. Julia Hoffmann stellt gemeinsam mit Annika Sauer zusammen, wer in dem Verfahren welchen Vorschuss leisten muss und ermittelt für die Gerichtsgebühren auch die entsprechende Höhe. Füllen Sie die Tabelle aus und benennen Sie bei den gerichtlichen Auslagen nur die Gesetzesgrundlage.

§

Verfahrensschritt	Vorschusspflicht nach Paragraf …	Höhe der Gerichtsgebühr	Gesetzliche Grundlage
Einreichung der Klage		Streitwert: Gebühr:	
Klageerhöhung		Streitwert: Gebühr:	
Widerklage		Streitwert: Gebühr:	
Zeugin Isa Schneider			
Sachverständige Dr. Selina Malinski			

ARBEITSAUFTRAG

3. Julia Hoffmann erklärt Annika Sauer, dass es wie auch im RVG verschiedene Gerichtskostenarten gibt. Dabei richten sich die Wertgebühren nach dem Streitwert. Deren genaue Höhe wird dann mittels Streitwert- und Werttabelle des GKG ermittelt. Ergänzen Sie die Zusammenstellung der Gerichtskostenarten.

	Kostenart	Nr. im KV GKG	Höhe (Gebührensatz oder €)
Gerichtliches Mahnverfahren			
Klageeinreichung			
Berufungsverfahren			
Rechtsbeschwerde			
Erlass eines PfÜB			
Zustellungen durch Gericht			
Aktenversendung			

ARBEITSAUFTRAG

4. Julia Hoffmann überlegt bei der Klageeinreichung, auf welchem Weg sie den Gerichtskostenvorschuss begleichen soll. Begründen Sie, unter welchen Umständen eine elektronische Gerichtskostenmarke, eine Überweisung oder ein Verrechnungsscheck vorteilhaft ist.

ARBEITSAUFTRAG

5. Im Verfahren Fabe KG ./. Sonne OHG wurde für die Zeugin Isa Schneider kein Vorschuss geleistet, entstanden sind 85,00 € Zeugenauslagen. Für die Sachverständige Dr. Selina Malinski wurde ein Vorschuss in Höhe von 500,00 € angesetzt, es entstanden jedoch Kosten in Höhe von 750,00 €.

   Ermitteln Sie, welche Gerichtsgebühren entstanden sind und welchen Betrag die Fabe KG auf die geleisteten Vorschusszahlungen zurückerhält. Begründen Sie mithilfe der jeweiligen Schuldnerarten die Höhe des Rückerstattungsbetrags.

Entstandene Gerichtsgebühren

Streitwert 1. Klage: 2. Klageerhöhung: 3. Widerklage: Gesamtbetrag:		
Gerichtsgebühren	**Nr. im KV GKG**	**Betrag in €**
entstandene Gerichtskosten		
abzgl. Vorschüsse:	**Betrag in €**	**Betrag in €**
Rückerstattungsbetrag		

Begründung

ARBEITSAUFTRAG

6. Annika Sauer erkundigt sich, wie gegen eine fehlerhafte Gerichtskostenentscheidung vorgegangen werden kann.

Kreuzen Sie an, welche Aussagen zur Kontrolle der Gerichtskosten falsch oder richtig sind.

	richtig	falsch
1 Die Festsetzung der Gerichtskosten für das Verfahren in der jeweiligen Instanz wird als Kostenansatz bezeichnet.	☐	☐
2 Wenn die Gerichtskosten als Vorschuss erhoben werden, kann bei einem fehlerhaften Kostenansatz Erinnerung eingelegt werden.	☐	☐
3 Gegen einen fehlerhaften Kostenansatz nach Beendigung des Verfahrens kann auch die Staatskasse Erinnerung einlegen.	☐	☐
4 Die Beschwerde nach § 67 GKG ist von der Höhe des Beschwerdewerts unabhängig.	☐	☐
5 Gegen die Entscheidung über die Erinnerung gegen einen fehlerhaften Kostenansatz ist kein Rechtsbehelf gegeben.	☐	☐
6 Die Beschwerde nach § 66 Abs. 2 GKG setzt voraus, dass der Beschwerdegegenstand mehr als 200,00 € beträgt.	☐	☐

4 Die Kostenfestsetzung

LERNSITUATION

Rechtsanwalt Peter Huber vertritt die Wolbader KG im Verfahren gegen Jörg Nautaler wegen einer Schadenersatzforderung über 10 000,00 € vor dem Landgericht Limburg, Schiede 14, 65549 Limburg a. d. Lahn. Nach Durchführung der Beweisaufnahme schlägt das Gericht als widerruflichen Vergleich vor, dass der Beklagte Jörg Nautaler zur Abgeltung der Schadenersatzforderung einen Betrag in Höhe von 8 000,00 € begleicht.

Julia Hoffmann fertigt das Informationsschreiben an die Wolbader KG nach Diktat an. Sie wundert sich, dass Rechtsanwalt Peter Huber der Mandantin dringend rät, die Kostenfolge mit zu regeln. Sie hat eigentlich gelernt, dass das Gericht von Amts wegen über die Kosten entscheidet.

Die Parteien vergleichen sich auf Anraten ihrer Prozessbevollmächtigten entsprechend des Vorschlags des Gerichts. Die Kosten werden angemessen geregelt. Nach dem Aktenkonto wurden für die Mandantin die Gerichtskosten verauslagt und ein Zeugenvorschuss von 150,00 € geleistet. Ob noch weitere Kosten der Beweisaufnahme entstanden sind, ist derzeit noch nicht bekannt.

Julia Hoffmann erhält sodann die Akte, um die Kostenfestsetzung zu beantragen.

▶ Die Informationen zu dieser Lernsituation erhalten Sie aus Lernfeld 10, Kapitel 4 des Lehrbuchs.

ARBEITSAUFTRAG

1. Erläutern Sie, weshalb Rechtsanwalt Peter Huber anrät, die Kostenfolge im Prozessvergleich zu regeln.

ARBEITSAUFTRAG

2. Ordnen Sie den Kostengrundentscheidungen die entsprechende Kostenfolge zu.

(Klage über 3 000,00 €): „Der Beklagte wird verurteilt, an den Kläger 2 100,00 € … zu zahlen." „Im Übrigen wird die Klage abgewiesen."	Beklagter trägt die gesamten Kosten des Verfahrens.
Prozessvergleich ohne Kostenregelung	Kläger trägt die gesamten Kosten des Verfahrens.
Sofortiges Anerkenntnis des Beklagten	Kosten werden gegeneinander aufgehoben.
Erledigung der Hauptsache	Kläger trägt 30 % der Kosten.
(Klage über 3 000,00 €): „Der Beklagte wird verurteilt, an den Kläger 3 000,00 € … zu zahlen."	Beklagter trägt 30 % der Kosten.
(Klage über 3 000,00 €): „Der Beklagte wird verurteilt, an den Kläger 900,00 € … zu zahlen." „Im Übrigen wird die Klage abgewiesen."	Entscheidung nach Stand des Verfahrens.

ARBEITSAUFTRAG

3. Julia Hoffmann überlegt sich, ob und wie vorgegangen werden kann, wenn das Gericht falsch entscheidet, wer die Kosten des Verfahrens zu tragen hat. Erläutern Sie ihr die Rechtslage.

ARBEITSAUFTRAG

4. Julia Hoffmann fertigt weisungsgemäß den Kostenfestsetzungsantrag an. Ergänzen Sie die Vorlage. (Die Regeln nach DIN 5008 bleiben unberücksichtigt.)

____

____

____

Antrag auf ___________________

In dem Rechtsstreit

_______________ ./. _______________

werden für _____________ die nachstehenden Kosten zur Festsetzung nach §§ __________ ZPO angemeldet:

Streitwert: ___________ €

Gerichtskosten	
____________________________________	266,00 €
_________________	150,00 €
Zwischensumme	416,00 €
_________________ Kosten	
1,3 Verfahrensgebühr, Nr. 3100 VV RVG	798,20 €
1,2 Terminsgebühr, Nr. 3104 VV RVG	736,20 €
Pauschale Post- und Telekommunikation, Nr. 7002 VV RVG	20,00 €
Zwischensumme	1 555,00 €
Gesamtbetrag:	1 971,00 €

Die __________ ist ______________________ berechtigt.

Es wird beantragt, diesen Betrag ab _________________ mit ____

_________ zu verzinsen.

Weiterhin wird beantragt, eine ____________________________ des Beschlusses zu übersenden.

Peter Huber
Rechtsanwalt

ARBEITSAUFTRAG

5. Der Komplementär der Wolbader KG erkundigt sich, wie das Verfahren bei einem Kostenausgleichsantrag abläuft. Beantworten Sie ihm diese Frage.

____

____

____

____

____

____

ARBEITSAUFTRAG

6. **Beantworten Sie kurz mit Paragrafenangabe die Fragen zu den Arten der Kostenfestsetzungsverfahren und möglicher Rechtsbehelfe gegen einen fehlerhaften Kostenfestsetzungsbeschluss.**

Frage	Antwort
Was ist ein vereinfachter Kostenfestsetzungsbeschluss?	
Wie können die im gerichtlichen Verfahren entstandenen Kosten gegen die eigene Mandantschaft festgesetzt werden?	
Bei welchem Gericht ist der Kostenfestsetzungsantrag zu stellen, wenn in der Berufungsinstanz beim Landgericht ein Urteil ergeht?	
Wann kann oder muss gegen die Mandantschaft ein Mahnbescheid wegen nicht gezahlter Gebühren beantragt werden?	
Welcher Rechtsbehelf ist gegen einen Kostenfestsetzungsbeschluss gegeben, wenn der Beschwerdewert 200,00 € beträgt?	
Welche Frist gilt für die sofortige Beschwerde gegen einen Kostenfestsetzungsbeschluss?	
Gegen welche Entscheidungen ist die Beschwerde nach § 69 GKG möglich?	

5 Abrechnung des Rechtsanwalts

LERNSITUATION

Emil Kurtzinsky trägt Rechtsanwältin Dr. Annette Neumann in einem Besprechungstermin ein Problem mit seinem Nachbarn vor.

„Am 02.02.2024 habe ich meinem Nachbarn Otto Baumeister Geld geliehen. Eigentlich hatten wir vereinbart, dass er den Betrag von 3 000,00 € bis 30.06.2024 zurückzahlt. Soweit war auch alles klar. Jetzt, im August 2024, haben wir uns gestritten. Otto Baumeister hat auch immer noch nicht den Betrag von 3 000,00 € zurückgezahlt. Ich will meinen Anspruch jetzt gerichtlich geltend machen, da Otto Baumeister auf nichts reagiert. Grundsätzlich will ich mich selbst vertreten, will aber in der Klage keinen Fehler machen. Geht es, dass Sie mir lediglich die Klage entwerfen?“

Rechtsanwältin Dr. Annette Neumann erklärt Emil Kurtzinsky, dass es selbstverständlich möglich ist, dass sie ihm einen Klageentwurf zukommen lässt. Emil Kurtzinsky beauftragt sie entsprechend mit dieser Einzeltätigkeit.

Nachdem einige Wochen vergangen sind, meldet sich Emil Kurtzinsky nochmals telefonisch bei Rechtsanwältin Dr. Annette Neumann. Er erzählt ihr, dass das Gericht im Einverständnis der Parteien im schriftlichen Verfahren entschieden hat. Er hat den Prozess gewonnen und Otto Baumeister hat die Kosten des Verfahrens zu tragen. Für das Kostenfestsetzungsverfahren benötigt er nochmals die Hilfe von Rechtsanwältin Dr. Annette Neumann.

Nach erfolgter Kostenfestsetzung übergibt Rechtsanwältin Dr. Annette Neumann die Akte an Julia Hoffmann, die die Abrechnung erstellen soll.

▶ Die Informationen zu dieser Lernsituation erhalten Sie aus Lernfeld 10, Kapitel 5 des Lehrbuchs.

ARBEITSAUFTRAG

1. Rechtsanwältin Dr. Annette Neumann war vorliegend nur mit Einzeltätigkeiten beauftragt. In welchem Teil und Abschnitt des Vergütungsverzeichnisses zum RVG sind die Gebühren für Einzeltätigkeiten geregelt?

____

____

ARBEITSAUFTRAG

2. Im Vergütungsverzeichnis zum RVG werden bei den Einzeltätigkeiten auch der Verkehrsanwalt und der Terminsvertreter genannt. Ordnen Sie diese den Fällen korrekt zu.

______________	______________
In dem Rechtsstreit Maximilian Müller ./. Sina Schmitthuber wegen einer Forderung von 3 500,00 € beauftragt Maximilian Müller einen Berliner Rechtsanwalt mit der anwaltlichen Vertretung, da der Rechtsstreit in Berlin anhängig ist. Er entschließt sich jedoch auch dazu, in seinem Heimatort Saarbrücken einen weiteren Rechtsanwalt zu beauftragen, der die „Schnittstelle“ zwischen dem Prozessbevollmächtigten und der Mandantschaft ist.	Ein Rechtsanwalt aus Kiel vertritt Sebastian Wallner im Verfahren Nina Kössner ./. Sebastian Wallner vor dem Amtsgericht Dresden. Der Kieler Rechtsanwalt beauftragt den Dresdner Rechtsanwalt Max Geiger damit, den Gerichtstermin in Dresden für ihn wahrzunehmen, da dies günstiger ist, als selbst zu fahren.

ARBEITSAUFTRAG

3. Was muss vorliegend bei der Abrechnung hinsichtlich der zwei Einzeltätigkeiten von Rechtsanwältin Dr. Annette Neumann beachtet werden?

____

____

____

ARBEITSAUFTRAG

4. Welche Gebühren und Auslagen erhält Rechtsanwältin Dr. Annette Neumann im vorliegenden Fall. Vervollständigen Sie die Kostenberechnung.

Tätigkeit Klageentwurf

Streitwert:		
Gebührenbezeichnung	**Nr. im VV RVG**	**Betrag in €**
Zwischensumme		
Summe		

Tätigkeit Kostenfestsetzungsverfahren

Streitwert:		
Gebührenbezeichnung	**Nr. im VV RVG**	**Betrag in €**
Zwischensumme		
Summe		

Prüfung gem. § 15 Abs. 6 RVG

Streitwert:		
Gebührenbezeichnung	**Nr. im VV RVG**	**Betrag in €**
Zwischensumme		
Summe		

Fazit

___

___

___

6 Die Prozesskostenhilfe

LERNSITUATION

Kerstin Appel beauftragt Rechtsanwältin Katharina Schuh in einer zivilrechtlichen Angelegenheit. Ihr wurde vom Landgericht Frankenthal (Pfalz) eine Klageschrift zugestellt. Ihr Ex-Lebensgefährte Kristian Köhler hat gegen sie Klage auf Zahlung eines Betrags von 5 130,00 € erhoben. Kerstin Appel bestreitet die geltend gemachte Forderung.

Kerstin Appel befindet sich derzeit in Elternzeit und kümmert sich um die gemeinsame Tochter Felicia, die gerade ein halbes Jahr alt ist. Sie besitzt kein Vermögen.

Rechtsanwältin Katharina Schuh übergibt die Akte nach der Besprechung an Julia Hoffmann mit der Bitte, die Anzeige der Verteidigungsbereitschaft anzufertigen. Gleichzeitig soll sie einen Antrag auf Prozesskostenhilfe stellen und die Beiordnung von Rechtsanwältin Katharina Schuh beantragen.

Weiterhin bittet Rechtsanwältin Katharina Schuh Julia Hoffmann zu berechnen, ob Kerstin Appel Prozesskostenhilfe mit oder ohne Ratenzahlung zusteht. Kerstin Appel hat folgende Daten mitgeteilt:

- *derzeit Elterngeldbezug in Höhe von 976,15 € monatlich*
- *angesparte Beträge auf dem Girokonto: 1 315,31 €*
- *Kindergeldbezug in Höhe von 250,00 € monatlich*

▶ Die Informationen zu dieser Lernsituation erhalten Sie aus Lernfeld 10, Kapitel 6 des Lehrbuchs.

ARBEITSAUFTRAG

1. Ermitteln Sie mithilfe der ZPO, ob das Landgericht Frankenthal (Pfalz) Rechtsanwältin Katharina Schuh wohl beiordnen wird.

____

____

____

____

____

____

ARBEITSAUFTRAG

2. Wie würde die Sachlage aussehen, wenn der Rechtsstreit vor dem Amtsgericht Neustadt an der Weinstraße anhängig wäre und Kristian Köhler selbst auch durch einen Rechtsanwalt vertreten wäre?

____

____

____

____

____

ARBEITSAUFTRAG

3. Wie ermittelt das Gericht, ob die Prozesskostenhilfe mit oder ohne Ratenzahlung bewilligt wird? Ergänzen Sie die Tabelle.

	____________
____	Vermögenswerte
____	monatliche Ausgaben
____	gesetzliche Freibeträge
=	____________

ARBEITSAUFTRAG

4. Ermitteln Sie, ob das Gericht Kerstin Appel Prozesskostenhilfe mit oder ohne Ratenzahlungen bewilligen wird.

ARBEITSAUFTRAG

5. Ermitteln Sie mithilfe der ZPO und des Internets, an welche Zahlstelle Kerstin Appel eventuell zu zahlende Raten überweisen müsste.

ARBEITSAUFTRAG

6. Welche Aussagen zum Thema Bewilligung von Prozesskostenhilfe oder Verfahrenskostenhilfe sind richtig, welche falsch? Kreuzen Sie an.

	richtig	falsch
Zu den monatlichen Einkünften zählt auch Einkommen aus Vermietung und Verpachtung.	☐	☐
Elterngeld zählt ebenfalls zu den monatlichen Einkünften, aber nur, wenn es einen Sockelbetrag von 200,00 € übersteigt.	☐	☐
Zu den Vermögenswerten zählen Grundeigentum, Bausparverträge, das eigene Kraftfahrzeug u. a.	☐	☐
Bei angesparten Beträgen, z. B. auf dem Girokonto, ist das Schonvermögen von derzeit 10 000,00 € in Abzug zu bringen.	☐	☐
Ausgaben für die individuelle Lebensführung, z. B. Beitrag für ein Fitnessstudio, werden bei der Ermittlung der monatlichen Ausgaben ebenfalls berücksichtigt.	☐	☐
Die gesetzlichen Freibeträge werden jährlich zum 1. Juli angepasst.	☐	☐
Vom errechneten einzusetzenden Einkommen sind Monatsraten in Höhe der Hälfte des einzusetzenden Einkommens festzusetzen, wobei die Raten auf volle Euro abgerundet werden.	☐	☐

ARBEITSAUFTRAG

7. Das Gericht kann die Bewilligung der Prozesskostenhilfe oder Verfahrenskostenhilfe auch wieder aufheben. Nennen Sie zwei Voraussetzungen.

7 Führen des erforderlichen Schriftverkehrs

LERNSITUATION

Annika Sauer bearbeitet am 01.03.2024 die Akte Stefano di Maria ./. Dieter Lippold wegen Forderung (Az.: 156/2023). In dieser Sache hat die Partnerschaft Dr. Neumann & Huber für den Mandanten Dieter Lippold am 18.01.2024 einen Antrag auf Kostenfestsetzung gestellt. Da bislang nichts mehr passiert ist, erstellt Annika Sauer eine Sachstandsanfrage an das zuständige Landgericht Saarbrücken, Franz-Josef-Röder-Straße 15, 66119 Saarbrücken, zum Az.: 7 O 832/2021.

Sie ist gerade damit fertig, als Rechtsanwalt Peter Huber ihr zwei Akten zur weiteren Bearbeitung übergibt.

<u>Akte Ulrike Martin ./. Tilo Kurtz wegen rückständiger Miete</u>
Es kam Post vom Amtsgericht Speyer. Der Prozessbevollmächtigte von Ulrike Martin hat mit Schriftsatz vom 30.01.2024 um Fristverlängerung bis zum 19.02.2024 gebeten, um auf den letzten Schriftsatz des Rechtsanwalts Peter Huber vom 29.12.2023 erwidern zu können. Das Gericht hat die Fristverlängerung mit Verfügung vom 05.02.2024 bewilligt. Annika Sauer soll dem Mandanten Tilo Kurtz diesen Sachverhalt mitteilen. Das Schreiben geht noch am gleichen Tag zur Post.

<u>Akte Alina Stumpf ./. Nina Meyer wegen Kaufpreisforderung</u>
Alina Stumpf hat eine Kaufpreisforderung gegen Nina Meyer. Die Gegenseite, die derzeit noch nicht anwaltlich vertreten ist, stellt sich quer und zahlt den geforderten Betrag nicht, sodass nun namens und im Auftrag von Alina Stumpf Klage erhoben werden soll. Annika Sauer soll das Rubrum und die Klageanträge vorbereiten. Die Begründung wird Rechtsanwalt Peter Huber dann später diktieren. In der Akte findet Annika Sauer die erforderlichen Daten:

- *Alina Stumpf, Mandelring 13, 67146 Deidesheim*
- *Nina Meyer, Waldstraße 25 a, 67157 Wachenheim a. d. Wstr.*
- *Kaufpreisforderung von 4 610,00 €*
- *Kaufvertrag vom 30.11.2023*
- *Zinsanspruch ab 15.12.2023*

▶ Die Informationen zu dieser Lernsituation erhalten Sie aus Lernfeld 10, Kapitel 7 sowie aus Lernfeld 3, Kapitel 5 des Lehrbuchs.

ARBEITSAUFTRAG

1. Füllen Sie das Anschriftfeld für die Sachstandsanfrage an das Landgericht Saarbrücken nach den Regeln der DIN 5008 korrekt aus.

5 4 3 2 1
1 2 3 4 5 6

(nicht maßstabsgetreu)

ARBEITSAUFTRAG

2. Formulieren Sie den Textteil für die Sachstandsanfrage an das Landgericht Saarbrücken.

ARBEITSAUFTRAG

3. Formulieren Sie Betreff, Anrede und Brieftext des Schreibens an Tilo Kurtz. Kennzeichnen Sie die zwingend nach der DIN 5008 einzuhaltenden Leerzeilen mit X.

ARBEITSAUFTRAG

4. Formulieren Sie in Sachen Alina Stumpf ./. Nina Meyer das Rubrum und die Anträge nach den Regeln der DIN 5008. Kennzeichnen Sie die einzuhaltenden Leerzeilen mit X.

fotolia.com, New York: Brian Jackson 69.1; contrastwerkstatt 75.1; GaToR-GFX 22.1; kwarner 7.1; Kzenon 92.1; Oleksii Nykonchuk 56.1; Peter Atkins 27.1; stockpics 25.1.

Getty Images (RF), München: mikimad 1.1.

iStockphoto.com, Calgary: shironosov 49.1; shotbydave 47.1.

stock.adobe.com, Dublin: Africa Studio 103.1; AllebaziB Titel; Bacho Foto 95.1; BillionPhotos.com Titel; Butch 72.1; Diesing, Dominik 39.1; Elnur 84.1; emmi 30.1; eshma 59.1; Gajus Titel, 62.1; ifeelstock 43.1; imageBROKER 18.1; johannesspreter 79.1; maria_savenko 9.1; Michael Zhang 12.1; Monkey Business Titel; nsdpower 1.2; pixfly 98.1; Popov, Andrey 15.1; pressmaster Titel; Rawf8 Titel; rogerphoto 65.1; roxcon 88.1; seventyfour 20.1; Steidi 53.1; Tiko 35.1; Tomsickova 100.1; Wylezich, Björn 33.1.

YPS - York Publishing Solutions Pvt. Ltd.: 37.1, 37.1.